U0132103

唐·李思训《江帆楼阁图》

此图为宋代摹本，大青绿设色画，描绘江边春景，山峰高耸，树木翠绿，山脚树丛中数栋红柱青瓦房舍，人影绰绰；江面波光粼粼，宽广浩渺，岸边数人驻足赏景，一派春光融融之景。现藏于台北"故宫博物院"。

—— 唐·周昉《簪花仕女图》

此图传为周昉所绘，粗绢本设色画，展现宫廷贵族妇女于春夏之交在庭园嬉游之情景。现藏于辽宁省博物馆。

唐·孙位《高逸图》

此图为彩色绢本人物画，是孙位所绘《竹林七贤图》残卷，描绘了魏晋时期清高雅超高逸的隐逸之士。现藏于上海博物馆。

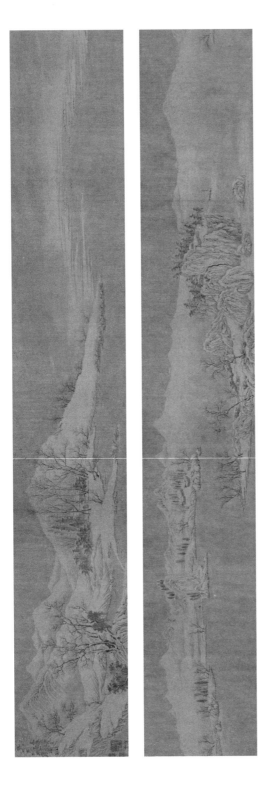

——唐·王维《长江积雪图》（局部）——

此图为宋代摹本，绢本设色画，图中长江两岸群山绵延，枯树寒林，村庄房舍，落雁平滩，俱沉浸在茫茫雪意之中。现藏于美国火奴鲁鲁艺术学院。

—— 唐·韩滉《五牛图》——

此图为黄麻纸本设色画，图中五牛从右至左一字排开，各具状貌，姿态互异，形神兼备。现藏于北京故宫博物院。

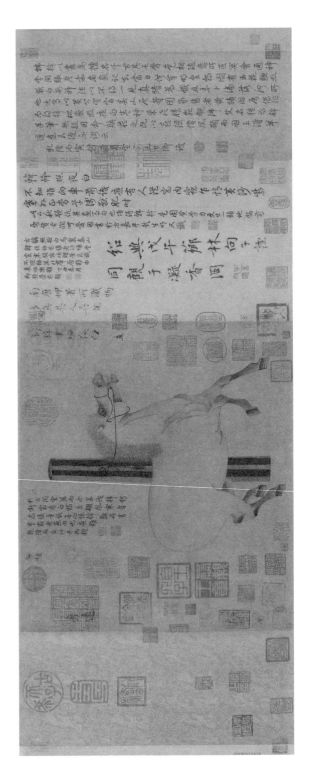

唐·韩干《照夜白图》

此图为纸本中国画，描绘了唐玄宗坐骑"照夜白"。线条不驯，神采不凡的形象，用笔简练，线条纤细而遒劲。现藏于美国大都会博物馆。

——唐·戴嵩《斗牛图》

此图传为戴嵩所绘，绢本水墨画，图中两牛相斗的场面风趣新颖，传神生动，牛之野性和凶顽尽显。现藏于台北"故宫博物院"。

唐·李昭道《曲江图》

此图是唐代"青绿山水画"中的稀世珍品，描绘了长安曲江池山青水绿、游人如织的盛景。现藏于台北"故宫博物院"。

人生得意须尽欢

徐若央 著

唐朝诗人的乐游人生

天地出版社 | TIANDI PRESS

诗在，书在，大唐便在，长安便在。

少年时候，我喜欢望着星星和月亮，想念着千年以前那些行走在月下的诗人——

他们是怎样的人？他们为何孤单？他们为何遗憾？他们为何如此热爱长安？

后来，我开始写他们的故事，在欢喜与悲伤中重读唐诗，在落寞与无奈中告别过去。我在写书，也在寻找答案。

那些诗句，印证了诗人走过的坎坷与磨难，也慰藉了生命的无奈与苍凉。人生如寄，悲喜自渡。一切因，一切果，皆是选择；一切苦，一切恶，皆是执着。

诗人，也是常人，时而感性，时而理智，时而纠结，时而洒脱，做过明知不可为而为之的事，也原谅了迟迟不能释然的自己。他们同常人一样，经历着，困顿着，只为寻找生命的答案。

我们皆是生活的诗人，那些千年前的诗句，是古人的浪漫，也是今人的箴言。

感谢你能翻开这本书，相识于此，甚为欢喜。愿今朝胜旧年，此心如初见。

这本书，写给长情的你。

因为，有你，便有风华。

目　录

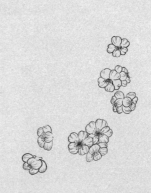

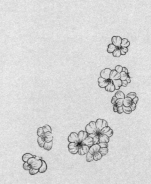

从此四海

皆为家

过旧宅（其一）

李世民

新丰停翠辇，谯邑驻鸣箛[1]。

园荒一径新，苔古半阶斜[2]。

前池消旧水，昔树发今花。

一朝辞此[3]地，四海遂为家。

1　鸣箛：古代管乐器名，多用于仪仗中，此处代指帝王出巡时的仪仗。
2　半阶斜：形容台阶歪斜不全。
3　此：一作"北"。

一座古城，一间小院，故事从这里开始。

隋，开皇十八年（598），腊月，戊午日。[1]

白雪纷纷，落了整整一夜，寒风吹得雕花窗子吱呀作响，炉火的光于黑夜中微微摇曳。这里是李府别馆，位于武功县境内。李渊奉旨赴任陇州刺史，途中，夫人窦氏临产，便暂居此地。

此刻，李渊正在等待一个新生命的降临。

这并不是他的第一个孩子，开皇九年（589），他便有了长子李建成。如今，次子即将来到人间，虽少了初为人父的惊喜，他却依旧无比期待。

随着一阵啼哭声，一个男婴出生了。

那时候，人们并不知道，这个男婴日后将会成为一代帝王。

男孩四岁的时候，家中来了一位识相术的书生。书生对李渊道："公在相法，贵人也，然必有贵子。"

书生见了男孩后，又道："龙凤之姿，天日之表，其年几冠，必能济世安民。"

1　开皇十八年腊月戊午日，即公元599年1月23日。——编者注

李渊便采"济世安民"之意，为男孩取名为"世民"，即李世民。

李世民于别馆中度过了整个童年，这里的每一寸土地、每一块砖瓦都承载着他儿时的记忆。他与同龄人一样，跟随学究读书、识字、明礼，这是成长的必经之路。此时，他还只是个少年，有敬仰的父亲，有友善的兄长，一切都是那么和睦。

某一年，某一日，少年望着黑夜中的星河，忽而想到了千里江山，芸芸众生。

他想，若有朝一日，他成了天下之主……

这样的想法是大逆。可是，既然想了，何不继续想下去？

后来，他离开了武功别馆，一步步走向权力的巅峰。他冲锋陷阵，出生入死，早已不是当年的少年，某些想法，也不再只是想法。他深知隋朝气数已尽，便鼓动父亲反隋，十八岁时，随父起兵晋阳（今山西太原），兵锋直指长安。

一个王朝结束，另一个王朝开始，义宁二年（618）五月，隋恭帝杨侑禅位于李渊，李渊改国号为"唐"。

李世民四方征战，先后被封为司徒、尚书令、中书令，最后，无可再封，被授予天策上将之职，位于诸王之上，仅次于太子李建成。如此功勋卓著，他又岂甘久居人下？

大唐初年，太子李建成与秦王李世民便已开始明争暗斗，两人水火不容，终于在武德九年（626）发生了那场刀光剑影的玄武门之变。玄武门前，兄弟相残，血雨腥风，李世民终于成为天下之主。

贞观年间，李世民曾数次回到武功县。

此时，他已是大唐皇帝，盛世明君，所经之处，万民跪拜相迎。他推开旧宅的门，望着砖瓦青苔，踩着荒草枯枝，心头浮起诸多往事，有年少的梦，也有经年的愁。

那里，是他深爱的故土，是梦开始的地方。于是，他写下了这首《过旧宅》。

"新丰停翠辇，谯邑驻鸣笳。"旧宅门前，车辇缓缓停下，帝王巡幸，鸣笳开道。

新丰，汉代县名。刘邦称帝后，父亲刘太公思念故里，刘邦便仿故园丰地街巷另筑一城于关中，并迁故旧居住其中，以娱太公，后更名为"新丰"。谯邑，秦置县，魏武帝曹操故里，李渊早年仕隋时曾任谯州刺史。诗中，"新丰"与"谯邑"均指武功旧宅。

这座旧宅此时已成荒园，唯有一条小路被打扫干净，青色苔藓铺满半边斜阶。池中活水不停流淌，昔年老树不断开花，看似荒凉的宅院，实则生机盎然。

眼前是今日之景，心中是昔日之情，他不禁感叹道："一朝辞此地，四海遂为家。"

当年，他离开旧宅，征战天下，便有了以天下为家的想法。而今，他果真以天下为家，却成了孤家寡人。

那日，他还创作了另一首《过旧宅》：

金舆巡白水，玉辇驻新丰。

纽落藤披架，花残菊破丛。

叶铺荒草蔓，流竭半池空。

纫珮兰凋径，舒圭叶翦桐。

昔地一蕃内，今宅九围中。

架海波澄镜，韬戈器反农。

八表文同轨，无劳歌大风。

花残菊破，荒草铺地，家不再是从前的那个家，他也不再是从前的那个少年。

一个站在山巅的人，俯视自己走过的路，这条路既盛开着似锦繁花，又掩埋着皑皑白骨。

他一生都不会忘记玄武门之变。那是一场怎样的兵变？是手刃兄弟，是逼迫生父，生与死，一念之间，他不曾后悔，也不愿多言。

所以，再次回到旧宅，他的诗文中只提了丰功伟业，展现了帝王气魄，至于那些情感，那些怀念，并非没有，而是藏于心中，成了午夜惊醒的梦魇，成了难以释怀的回忆。诸多往事，终究像那座旧宅般落满尘埃，唯有他亲手开创的盛世，将成为史书上的一笔浓墨。

那盛世，如他所愿。

一壶浊酒
醉千秋

野 望

王 绩

东皋[1]薄暮望，徙倚[2]欲何依。

树树皆秋色[3]，山山唯落晖。

牧人驱犊返，猎马带禽归。

相顾无相识，长歌怀采薇[4]。

---

1 东皋：地名，在今山西河津，诗人隐居的地方。皋：水边地。

2 徙倚：徘徊，彷徨。

3 秋色：一作"春色"。

4 采薇：相传周武王灭商后，伯夷、叔齐不愿做周朝臣子，在首阳山采薇而食，
   最后饿死，此处代指隐居生活。

文人的梦，是诗，是酒，是长安，是江湖。

长安城里，多少人争名逐利，多少事欲说还休，有人出仕，便有人告归。

王绩又辞官了，这是第三次，也是最后一次。

那日，昏鸦尽，寒风起，他静静地站在城门前，似在回忆着什么，似在追悔着什么，为官数十载，年少时的雄心壮志，早已化作寂寥时的浊酒。此刻，他手执酒壶，壶中却无一滴酒。

他的"酒"，在何方？

王绩，字无功，天资聪颖，少年时，游历京都，拜谒宰相杨素。宴席之上，只见少年举止谦和，谈吐从容，在座之人皆赞其才，称他为"神童仙子"。这是将他看作神仙般的童子。这四个字，有欣赏，有期望。

那么，数年后，这个少年是何模样？

隋朝大业元年（605），王绩应孝廉举，中高第，被授以秘书正字官衔，因不喜在朝廷任职，以疾病之由辞官，后又被授以扬州六合县（今江苏南京六合区）县丞之职。那时，天下大乱，时局动荡，不知为何，他竟沾染了饮酒的嗜好，不理公务，无所事事，后来更索性假借中风之由，乘着一叶轻舟，连夜还乡。

月色寂寥，江水茫茫，他望着广阔的天地，感叹道："网罗在天，吾将安之！"

此时的人间如同天罗地网，处处皆是战乱，他又能去何处安居呢？

他也是怀才之人，可惜，生逢乱世，时运不济。隋末，帝王昏庸，各地民变，王朝走向灭亡。那时的他，还谈什么梦想，还存什么志向？他只能借酒消愁，日复一日……等待着一个时机。

终于，他等来了新的王朝，新的制度。唐朝，武德初年，皇帝诏征天下人才，王绩以前朝官待诏门下省。

一日，闲谈之时，王绩的弟弟问："待诏顺心否？"

王绩沉思片刻，答："待诏俸禄微薄，境况萧瑟，不过，幸有好酒三升，令人留恋。"

按照门下省例，日有良酒三升。当时，江国公陈叔达听闻此事，道："三升良酝，不足以留住王先生。"于是，给他将三升加到一斗。时人称王绩为"斗酒学士"。这个称呼是褒是贬？或许，对他而言，酒只是一种寄托，一种慰藉，借以抚平心中的落寞与不甘。

大唐初年，王孙贵族之辈争夺皇权，附庸风雅之流随俗浮沉，朝堂纷扰，如何容得下王绩的抱负？虽有一斗良酒，却难得半分欢颜。他再次借口患病，罢职归乡。

贞观年间，王绩最后一次当官。朝廷征召他为有司，可他听闻太乐署史焦革善酿酒，便自求任太乐丞。太乐丞，从八品下，掌乐之官，负责朝廷礼乐事宜。这一次任职，他再无当年的青云之志，只剩下一颗与世无争的心。每日，他醒时饮酒，醉时写诗，不问仕途，不与人争。数年后，焦革夫妇相继过世，王绩感叹道："难道是苍天不许吾酣饮？"

他饮着长安的酒，梦着故园的情，那味道却不似从前。他爱酒，但更爱自由。

长安，还有什么可留恋？

他知道，自己该走了。

王绩最后一次辞官后，隐居于家乡东皋，自号为"东皋子"。青山落雨，柴车茅舍，素琴浊酒。他是红尘中的倦客，亦是云深处的归人。

他爱上了酿酒，还写下了《酒经》《酒谱》。这是属于他的酒，酒中有自由，有天地，有梦想，是独一无二的"酒"。

那年秋时，他走在空旷的山野间，写下这首《野望》："东皋薄暮望，徙倚欲何依。树树皆秋色，山山唯落晖。牧人驱犊返，猎马带禽归。相顾无相识，长歌怀采薇。"

这首诗，难得没有一个"酒"字。

深秋的山是萧瑟的，也是寂静的。黄昏之时，诗人独自站在东皋，伫立远望，忽而想起曹操《短歌行》中的诗句："绕树三匝，何枝可依？"

天下之大，他该归依何方？该依靠何人？

此时，一种彷徨的愁绪萦绕在他心间，久久不能消散。越是孤独的人，越是渴望被认可，他是隐士，却难断尘心，终究放不下年少时的志向，以及庙堂中的旧情。王绩为"酒"，三仕三隐，这是世人皆知的事情。可是，世人不知，长安城的酒，装不满他的壶；长安城的人，容不下他的梦。

人，总是矛盾的，他寻到了自由，也走向了孤寂。如今，他眼中所见，皆是山林秋色，落日余晖。暮光之下的群山，是安静的，也是凄凉的。

天，还未黑。他望见有放牧之人赶着牛儿而返，有打猎之人带着猎物而归。虽不是熙来攘往的京洛街市，却也有二三行人的欢声笑语，只是，这般无忧闲适的日子，于他而言，可望而不可即。似乎，只有他一人被隔绝在了尘世的欢喜之外，怅然若失。

"相顾无相识"，相对无言，相望不识，彼此都是陌生人，诗人只能唱着那首《采薇》，以此解忧。

这一刻，他也在思考归隐的意义。

君子适时退隐。那么，何为"适时退隐"？所谓"适时退隐"，就是在合适的时间，舍弃无用的累赘，追寻灵魂的价值。王绩做到了，却也没做到。入世，是应付人情世故；出世，是应付余生孤独。此刻，他还在学习如何面对孤独。

其实，人生没有什么"适时"，一切的选择，不过是取舍而已。繁华又如何，荒凉又如何？芸芸众生，不过是以各自的方式应对各自的生活。

某日，王绩写下一篇《五斗先生传》：

有五斗先生者，以酒德游于人间。有以酒请者，无贵贱皆往，往必醉，醉则不择地斯寝矣，醒则复起饮也。常一饮五斗，因以为号焉。先生绝思虑，寡言语，不知天下之有仁义厚薄也。忽焉而去，倏然而来，其动也天，其静也地，故万物不能萦心焉。尝言曰："天下大抵可见矣。生何足养，而嵇康著论；途何为穷，而阮籍恸哭。故昏昏默默，圣人之所居也。"遂行其志，不知所如。

陶渊明有《五柳先生传》，王绩有《五斗先生传》，文中的"先生"，皆是二人理想中的自己。两个不同时期的诗人，都在追寻一种向往的人生。王绩追求的是"其动也天，其静也地，故万物不能萦心焉"。万事万物不能困扰他的心，那是真正的自由。

垂暮之年，他读着陶渊明的《自祭文》，预感自己时日无多，便命家人日后薄葬，并亲自写了墓志铭。

自撰墓志铭

王绩者，有父母，无朋友，自为之字曰无功焉。人或问之，箕踞不对。盖以有道于己，无功于时也。不读书，自达理，不知荣辱，不计利害，起家以禄位，历数职而进一阶，才高位下，免责而已。天子不知，公卿不识，四十五十，而无闻焉。于是退归，以酒德游于乡里，往往卖卜，时时著书，行若无所之，坐若无所据。乡人未有达其意也。尝耕东皋，号东皋子，身死之日，自为铭焉。曰：

有唐逸人，太原王绩。若顽若愚，似矫似激。院止三迳，堂唯四壁。不知节制，焉有亲戚？以生为附赘悬疣，以死为决疣溃痈。无思无虑，何去何从？垅头刻石，马鬣裁封。哀哀孝子，空对长松。

自撰墓志铭，何尝不是一种自我审视！这漫长的人生，到底是怎样的坎坷？他一生经历了两代王朝，目睹过隋末战乱，见证过唐初峥嵘，为官时，天子不知，公卿不识；归隐后，乡野无友，四顾无依。

回首往事，似伤痕，似断肠。这一生，时而悲苦，时而释然，时而崩溃。他笑自己："若顽若愚，似矫似激。"他问自己："无思无虑，何去何从？"

只愿，垅头立碑刻石，坟墓松柏封之。

长安的酒，是眷恋；东皋的酒，是残念。人间沧桑，一生百叹，何来清欢？

何处春江
无月明

春江花月夜

张若虚

春江潮水连海平，海上明月共潮生。

滟滟随波千万里，何处春江无月明！

江流宛转绕芳甸，月照花林皆似霰。

空里流霜不觉飞，汀上白沙看不见。

江天一色无纤尘，皎皎空中孤月轮。

江畔何人初见月？江月何年初照人？

人生代代无穷已，江月年年望相似。

不知江月待何人，但见长江送流水。

白云一片去悠悠，青枫浦上不胜愁。

谁家今夜扁舟子？何处相思明月楼？

可怜楼上月裴回，应照离人妆镜台。

玉户帘中卷不去，捣衣砧上拂还来。

此时相望不相闻，愿逐月华流照君。

鸿雁长飞光不度，鱼龙潜跃水成文。

昨夜闲潭梦落花，可怜春半不还家。

江水流春去欲尽，江潭落月复西斜。

斜月沉沉藏海雾，碣石潇湘无限路。

不知乘月几人归，落月摇情满江树。

那一年，月光不再是月光，是宣纸晕染的墨香，是万家灯火的大唐。

某年，某月，某日，春风拂拂，华灯竞处，张若虚于江畔信步，俄然抬头，望见万里星辰，忽而生出复杂的情愫，有伤感，有落寞，有感叹，也有释然。

那种情感，随着明月，散落到人间；随着春江，流去了远方。

那一夜，他定是伫立许久，思绪万千，从人间灯火，想到宇宙苍穹；从思妇游子，想到生命无穷。

他写下了这篇《春江花月夜》，无关仕途，无关风月，无关山河，不似宫体诗的浮靡轻艳，满纸皆是澄澈洒脱。那是人类与自然之间的真挚情感，是生命与永恒之间的完美邂逅。此刻，他不仅是一位诗人，更是一位哲学家，一次次向这个宇宙发问，又一次次思考问题的答案。他不知那答案是对是错，只是凭着一种感觉，想下去，悟下去……

全诗共写了五种景物：春、江、花、月、夜。四时之景，唯有春光最短，凭栏而望，可见春江东流，花开花落，月盈月缺，世事循环反复无穷已，人间万事皆沉入寂静的夜。这样的夜，千年前是如此，千年后亦是如此。

开篇两句："春江潮水连海平，海上明月共潮生。"

春时的江潮与大海相连，皎洁的明月随潮水涌生。一个"生"字，似将明月与潮水赋予了生命与灵魂。此时，诗人并未见海，却由江潮联想到大海。春江连海，明月共潮，天地浩瀚，引人无限遐想。

月光照耀着千万里江波，何处春江不在月光之中！江流曲曲折折，绕过花草丛生的郊野，月光倾泻于花树之上，皆似深冬的雪霰子。因为"月照花林"，才生出"似霰"之花，这应是天地间最纯洁的花，因月而生，因月而静。

月色将人间点染，万物溶于月光，故而，"流霜不觉飞""白沙看不见"，空中不见白霜，洲上不见白沙。它们明明存在，却因月色而"消失"。

当然，这并非真正的消失，只是隐藏于月色，不被人轻易察觉。总有一些事物，是存在着却又让人察觉不到的，比如时间，"若白驹之过隙，忽然而已"。

也许是月色太过皎洁，也许是夜晚太过孤寂，才使得天地万物皆敛其锋芒，藏于茫茫月色之中。江天一色，不染纤尘，唯有一轮孤月高悬于苍穹。这一刻，诗人驻足江畔，望向明月，默默地问："江畔何人初见月？江月何年初照人？"

江畔之上，何人最初看见了月亮？江上之月，又是何年最初照耀了人类？

这是一个关于宇宙与生命的思考。生命的本质究竟是什么？答案似乎不再重要，重要的是，他离真理又近了一步。那第一个望见月亮的人，当时在想着什么？又在追问着什么？最初的望月之人早已逝去，可月光却依旧倾洒人间，或是冰冷，或是温暖，照耀着此时此刻的望月之人。"天地无终极，人命若朝霜"，无可奈何，无从逃离。

幸而，诗人并未沉浸于伤感之中，他给了自己一个答案："人生代代无穷已，江月年年望相似。"

人生一代一代，无穷无尽；明月一年一年，总是相似。如此，似乎并没有什么伤感之处。个人的生命虽然短暂，人类的存在却很长久，代代无穷，与月共存，这何尝不是一种永恒呢！

"不知江月待何人"，所以，江月到底在等待什么人呢？是逝去的故人，还是徘徊的新人？人生代代相继，江月年年相似，似乎从未改变，又似乎一直在改变。唯一不变的，或许只有那东流的江水。

诗人的目光从明月转到江水，思绪也从人生转到相思。这首诗的下半篇，写游子的离愁，写思妇的守候。

什么样的游子？如白云般飘忽不定的游子。什么样的思妇？如青枫浦上叹别的思妇。谁家的游子今夜乘着小舟漂荡？何处的佳人于明月照耀的楼中相思？天涯两地，一种相思，脉脉不得语。

高楼之上，女子倚窗望月，那月光一会儿照在这处，一会儿照在那处，徘徊着，朦胧着，照在妆镜台，照在玉户帘，照在捣衣砧，似要将她的相思揉碎，将她的灵魂撕扯，何其扰人！遮不住，卷不去，拂不掉，成了她的爱，她的恨，不知该留住，还是该割舍。

月色长伴，夜未央，愁断肠。此时，两人共望月光，相望而不相闻，只能将相思付明月，待月华照情郎。

鸿雁长飞，飞不出月光；鱼龙潜跃，激起层层波浪。昨夜，离家的游子梦见了花落闲潭，可怜，春光已半，还未归家。

江水流逝，春光也随之消逝。江潭之上，明月又一次西倾，还有什么是能留住的呢？春光注定是要逝去的，月亮注定是要西沉的。斜月沉沉，藏入海雾，碣石、潇湘，天各一方，长路遥远，两人注定要渐行渐远。

　　此夜，春江正暖，花月佳期，不知几人能乘月归家。游子叹息着，那剪不断，理还乱的离情，伴着落月破碎的光，洒满了江边的幽树……

　　离情，是思念，是刻骨，是执着。一寸寸，一缕缕，离人将它寄给了月光，月光又将它还给了世人。

　　多年以后，江畔又奏起熟悉的旋律。缠绵的，深情的，一曲一词，是献给生命的曲调，是留给离人的哀愁。

　　那一刻，唯有明月依旧，唯有清风不改。

宁为百夫长

从军行

杨　炯

烽火照西京[1]，心中自不平。

牙璋[2]辞凤阙，铁骑绕龙城[3]。

雪暗凋旗画[4]，风多杂鼓声。

宁为百夫长[5]，胜作一书生。

1　西京：指唐朝都城长安，即今陕西省西安市。
2　牙璋：古代调兵的兵符，分为两块，凹凸相合处呈牙状，朝廷和主帅各执一半。此处代指奉命出征的将帅。
3　龙城：又称"龙庭"，汉时匈奴要地，此处借指敌方城池。
4　凋：衰败凋零。此处指失去鲜艳色彩。旗画：战旗上的彩画。
5　百夫长：古时的一种低级军官，可指挥百人左右队伍。

唐显庆五年（660），阳春三月，长安的街头飘过一团团飞絮，落在高墙旧瓦上，落在少年鬓发间。

少年抬手，细细地整理着衣衫，良久，深吸一口气，叩响了弘文馆的朱门。

这是他第一次踏入弘文馆，望着馆中的藏书，听着学士的教诲，一切都是那么陌生，又是那么新奇。

这个少年便是杨炯，出身书香，自幼博学，十岁应弟子举及第，被举神童；十一岁，待制弘文馆。

灯火摇曳，清风墨香，当少年翻开一卷卷古籍，他确信，他爱上了长安。

此时，少年的心中有了梦：他要成为一位文人，大唐的文人。

花开花落，春去秋来，弘文馆迎来了多少踌躇满志的骄子，又送走了多少失意落寞的故人。

不知不觉，已过去了整整十六载。

曾经的少年已不再是少年，他的青春与热血全都献给了万卷藏书，他成了一位文人，怀才不遇的文人。他写下《青苔赋》《幽兰赋》，以此表达心中的愤懑与渴望，然而，依旧入仕无门。

十六年前，他是弘文馆中的青衫少年；十六年后，他是弘文馆中的落寞书生。仕途像是一潭死水，没有半点波澜，寂静且孤独。他厌倦了这般无趣的生活，便立志为仕途拼搏一番，怎奈事与愿违，年近三十，费尽千辛万苦，只换来一个"雠校典籍"的九品芝麻官。

这年，他二十七岁，一个寻常的夜晚，他静静地望着夜空，想到天地浩渺，想到宇宙洪荒，一时感慨万千，写下了《浑天赋》。序文中写道："显庆五年，炯时年十一，待制弘文馆。上元三年，始以应制举补校书郎，朝夕灵台之下，备见铜浑之象。寻返初服，卧病邱园，二十年而一徙官，斯亦拙之效也。代之言天体者，未知浑盖孰是？代之言天命者，以为祸福由人，故作浑天赋以辩之。"

这篇赋写了星辰日月，天象万变，字里行间，皆是他在漫长岁月中隐藏的苦楚与不甘。他在写天地，也在写自己。无尽的黑夜中，杨炯忽然发觉，他找不到自己了。

他要成为怎样的人？他该成为怎样的人？他想成为怎样的人？他陷入了困惑，看不清前路，更看不清自己。

大唐的官场，恰似此时的夜空，抬头可见繁星璀璨，却寻不到属于自己的光亮。

《太平广记》引张鷟《朝野金载》："唐衢州盈川县令杨炯词学优长，恃才简倨，不容于时。每见朝官，目为麒麟楦许怨。人问其故，杨曰：'今铺乐假弄麒麟者，刻画头角，修饰皮毛，覆之驴上，巡场而走。及脱皮褐，还是驴马。无德而衣朱紫者，与驴覆麟皮何别矣！'"

这个故事是说，杨炯给朝中阿谀奉承的官员送了一个绰号——麒麟楦。戏里的麒麟是驴子披着麒麟皮装扮而成的，脱去皮褐，还是驴子。那些无德无知却身披朱紫色朝服的人，和覆盖麒麟皮的驴子有何区别？

此言一出，大抵是得罪了朝中一半的官员。有些话，明明不该说，却偏偏要说，这是文人的执着。

执着，毁了半生的仕途。

那些仰望星空的日子，他颓唐着，迷茫着，直到遇见了一些人，燃起了他的报国梦。

调露元年（679），吐蕃、突厥多次侵扰边塞，裴行俭奉命出师征讨。杨炯是文人，此生注定无缘战场，他只能带着遗憾，倾听征人们诉说自己的故事。金戈铁马，纵横驰骋，那是他未曾去过的远方，是他心之所向的战场。

因为热爱，所以书写。他以文字报国，一首首边塞诗，从长安故里，传至黄沙大漠，鼓舞着大唐将士的士气，叹息着古来征战的悲壮。

有时候，他也会想，若自己投笔从戎……

于是，便有了这首《从军行》："烽火照西京，心中自不平。牙璋辞凤阙，铁骑绕龙城。雪暗凋旗画，风多杂鼓声。宁为百夫长，胜作一书生。"

诗中所写，正是一位书生从军边塞，出生入死的过程。

最开始，是边塞的烽火传到了长安，引起了多少壮士的不平！"烽火照西京"，狼烟四起，边关告急，国家兴亡，匹夫有责，哪怕是一介文弱书生，也应挺身而出，以身报国。这是书生心中的"不平"。

"牙璋辞凤阙，铁骑绕龙城。"牙璋，即兵符。将军率兵辞别皇宫，手执兵符奔赴战场，围攻敌城，铁骑勇猛。"雪暗凋旗画，风多杂鼓声。"那场战争何其激烈，隆冬时节，大雪纷飞，战旗翻舞，狂风嘶吼，战鼓声声。

诗人没有写战争的残忍，亦没有写征夫的白发，他的笔下，是一个甘愿将青春尽付沙场的英雄，虽为萤火之光，也可燎原千里。

最后，诗人发出一声感叹："宁为百夫长，胜作一书生。"

宁愿做一个冲锋陷阵的低级军官，也胜过当一个雕章绘句的文弱书生。

杨炯写诗之时，何尝不是在写另一种人生！只可惜，他终究未能尝试那种人生。

或许，我们也曾有过这样的经历：向往过某种生活，却始终没有勇气迈出第一步，只能默默地听着别人的故事。那一刻，我们是清醒的局外人，也是感性的共情者。

送刘校书从军

天将下三宫，星门召五戎。

坐谋资庙略，飞檄伫文雄。

赤土流星剑，乌号明月弓。

秋阴生蜀道，杀气绕湟中。

风雨何年别，琴尊此日同。

离亭不可望，沟水自西东。

这是一首送别诗，送友人从军。诗中以水隐喻。沟水东逝，不知流向何方，天南海北，相见无期。

对于友人的选择，杨炯既羡慕，又不舍。

晚风吹动着柳枝，友人已渐渐远去，杨炯缓缓转身，遇见了伯乐——中书侍郎薛元超。

经此人举荐，杨炯成为崇文馆学士，一年以后，又被擢升为太子（李显）詹事司直，掌太子东宫庶务。

可故事到这里并未结束，属于这个王朝的争斗才刚刚开始……

唐高宗病逝后，太子李显即位，尊武则天为皇太后。第二年，武则天废帝为庐陵王，立第四子李旦为帝。同年，徐敬业于扬州起兵讨伐武后，杨炯的伯父杨德干及堂弟杨神让皆跟随其反武。事件平息后，杨德干父子被杀，杨炯因此事受到牵连，一夜之间，从云端跌落谷底，被贬到四川梓州（今四川三台），任司法参军。

杨炯离开了长安，至于后来发生了什么，无人知晓，无人过问。人们只知道，四年后，他秩满回到洛阳，已然变了模样。不知是世道磨去了他的锋芒，还是苦难教会了他成长，他的眼中再无光芒……

如意元年（692）——武则天称帝后的第二个年号——七月十五，宫中出盂兰盆，设斋分送各佛寺，杨炯恭恭敬敬地献上《盂兰盆赋》，称颂皇恩浩荡，天下安康。

他终究成了自己最厌恶的人。七月献赋，冬月任职，官场就是这么现实。

寒冬时节，杨炯出任盈川（今浙江衢州）县令，踏着一路风雪，走在孤独的路上，负了少年心，也负了衷肠。

如意元年，从未如意。

杨炯卒于任上，世人称他为"杨盈川"。

从今以后，他只是杨盈川。

天地悠悠
独此身

登幽州台歌

陈子昂

前不见古人¹，后不见来者。

念天地之悠悠²，独怆然³而涕下。

---

1 古人：指古代那些礼贤下士的明君。
2 悠悠：长远无穷的样子。
3 怆然：悲伤、伤感的样子。

长安城又出了一桩趣事。

听闻，有人于城中卖琴，欲售千两银。琴是好琴，价是高价，围观者只能"叹而羡之，叹身无纹银，羡琴之精巧"。

这时，人群中有一位富家公子，高声喊道："吾欲买之。"

众人皆奇，循声而望，只见公子衣冠楚楚，腰系美玉，随手掷千金。众人围了上去，想一睹公子抚琴。

公子并未抚琴，只道某日某地"聚众人而现其声"。

当日，众人皆至，厅堂之上，竟围了数百人。不多时，公子出现，微微欠身，众人正欲侧耳聆听之际，只见公子忽然将琴举起，重重地摔在地上，一瞬间，弦断琴裂，众人哗然。

公子激愤而言："我虽无二谢之才，但也有屈原、贾谊之志，自蜀入京，携诗文百轴，四处求告，竟无人赏识，此种乐器本低贱乐工所用，吾辈岂能弹之！"

众人还未回过神来，他已将诗文拿出，分赠众人。"众人为其举动所惊，再见其诗作工巧，争相传看，一日之内，便名满京城。"

这位公子，便是陈子昂。

他是何人？他从哪里来？茶余饭后，众人纷纷谈起他的过往。

其实，他也有一段年少轻狂的时光。他生于富庶人家，如许多纨绔子弟一样，整日游手好闲，任侠使气。十七八岁的年纪，还不知读书识字，无所事事，无所追求。后来，他因击剑伤人，才弃武从文，发奋攻读，博览群书。

他出三峡，北上长安，入国子监学习，并参加科举。第一次落第后，他并未消沉，而是回到故里，刻苦攻读，"数年之间，经史百家，罔不赅览"。学有所成后，他再次入京应试，再次名落孙山，直到"摔琴"一事后，才进士及第，步入仕途。

"摔琴"后，人们都记住了这个名字——陈子昂。他就这样华丽且张扬地踏入了大唐官场。

那年，武则天召见了他，并任命他为麟台正字。

他以为自己终于在长安谋得了一席之地。怎奈，期待虽美好，现实却残忍。这世上哪有什么平步青云？他拼尽全力，也不过是权贵脚下的蝼蚁。任职期间，他屡次上书，却从未被采纳，甚至还因"逆党"株连而被判入狱。出狱后，他心灰意冷，早已没了从前的斗志。

这命运，又撕碎了一颗真诚的心……

万岁通天元年（696），契丹李尽忠、孙万荣叛乱，攻陷营州（治柳城，今辽宁朝阳），陈子昂被任命为参谋，随建安王武攸宜大军讨伐契丹。

这位建安王的身份极其尊贵，乃是武则天的侄子，太平公主丈夫武攸暨的隔房兄弟，他为人轻率，刚愎自用，倚恃着武家的权势，目空一切，一意孤行，致使全军屡战屡败。

陈子昂力主遣万人作前驱击退敌军，武攸宜不允，而后，陈子昂又向其进言，武攸宜仍不听，反而将他降为军曹。

苦闷之时，陈子昂独自登上蓟北楼，赋诗数首，其中最著名的便是这首《登幽州台歌》。

幽州台，即黄金台，又称蓟北楼，乃燕昭王为招纳天下贤士而建。

《战国策·燕策一》中记载，燕昭王即位后，求贤若渴，故去见郭隗，向其请教如何求得贤良之人。

郭隗给燕昭王讲了一个故事：听闻，古时有位君主，愿以千金求千里马，三年过去，还未得到。君主的内侍便自告奋勇去买马，君主应允。内侍用了三个月的时间发现了千里马，可是将欲买时，马已死。内侍便用五百金买其尸骨，献给君主。君主闻之，大怒道："我所求是活马，你怎能以五百金买死马？"内侍答道："大王舍得花五百金买死马，更何况活马呢？我这样做是为了让天下人相信，大王是真心实意想买马，日后，必然会引得天下人来卖马。"果然，不到一年时间，就有人送来三匹千里马。

这便是"千金买骨"的故事。郭隗讲完故事，又道："大王若是真心求贤，也应如买马的君主一般，让天下人知晓您的心意。大王可先从我开始，若像我这样的人都能得到重用，那比我更有才能的人就会不远千里来投奔你。"

燕昭王认为此言有理，立即拜郭隗为师，并修筑了"黄金台"，广纳人才。不久，燕国便人才济济。

如今，空留幽州台，难闻古人言，胸中纵万古，眼底无一人。

陈子昂的心中有万语千言，却只化为了这二十二个字。

"前不见古人"，往前，不见礼贤下士的古人；"后不见来者"，往后，不见求才若渴的明君。

谁能懂得他的寂寞？若你处于人群之中，你一定不懂这种寂寞；若你隔绝尘世之外，你也一定不懂这种寂寞——这种天地间独自伤感的寂寞，这种宿命里卑如尘埃的寂寞。

"念天地之悠悠，独怆然而涕下。"想着，天地苍茫，悠悠无限，便悲从中来，怆然落泪。于天地而言，人类何其渺小；于君主而言，诗人何其卑微。

那日，幽州台上，陈子昂还作了《蓟丘览古赠卢居士藏用七首》，由《轩辕台》《燕昭王》《乐生》《燕太子》《田光先生》《邹衍》《郭隗》等七首诗组成。

轩辕台

北登蓟丘望，求古轩辕台。

应龙已不见，牧马空黄埃。

尚想广成子，遗迹白云隈。

燕昭王

南登碣石阪，遥望黄金台。

丘陵尽乔木，昭王安在哉。

霸图怅已矣，驱马复归来。

乐 生

王道已沦昧，战国竞贪兵。

乐生何感激，仗义下齐城。

雄图竟中夭，遗叹寄阿衡。

燕太子

秦王日无道，太子怨亦深。

一闻田光义，匕首赠千金。

其事虽不立，千载为伤心。

田光先生

自古皆有死，徇义良独稀。

奈何燕太子，尚使田生疑。

伏剑诚已矣，感我涕沾衣。

邹 衍

大运沦三代，天人罕有窥。

邹子何寥廓，漫说九瀛垂。

兴亡已千载，今也则无推。

郭 隗

逢时独为贵，历代非无才。

隗君亦何幸，遂起黄金台。

　　幽州台上，远眺山河，那一刻，他是多么向往那个时代。燕昭王礼遇郭隗，燕太子丹礼遇田光。或许，那时朝堂之中也有明争暗斗，但至少君主贤明，臣子无憾。可恨，生不逢时，他遇不到那样的君主，也遇不到那样的同僚。

　　长安城，于天下而言，的确伟大；于他而言，却是囹圄。

　　这一次，他真的厌倦了。

　　其实，许多复杂的事情，总是于某个瞬间便忽然想通了。当一个臣子懂得了帝王之术，何尝不是一种救赎！至少，他不会再困惑，也不会再迷茫，他清醒地认识到，居庙堂者，一切皆是帝王所给，一切也皆是帝王所毁。他拼尽一生所追求的荣耀与尊重，不过是帝王眼中的浮云。

　　帝王，从不会在意一个弃子的生死。其实，他不过是飞蛾扑火，明知必死无疑，却偏偏要向死而活。

　　多年后，他在绝望中等到了自己的结局。

　　沈亚之在《上九江郑使君书》中言："自乔知之、陈子昂受命通西北两塞，封玉门关，戎虏遁避，而无酬劳之命。斯盖大有之时，体臣之常理也。然乔死于谗，陈死于枉，皆由武三思嫉怒于一时之情，致力克害。"

"陈死于枉",他被人陷害致死,权臣武三思指使射洪县令罗织罪名,迫害其入狱。

狱中,陈子昂为自己卜了一卦,卦成,仰而号曰:"天命不佑,吾其死矣!"

不久以后,他果然死在了狱中,时年四十二岁[1]。

当年的谦谦君子,若知晓结局这般凄凉,还会不会千金买琴?

回首浮生,说来都是荒唐……

1　关于陈子昂的生卒年,学术界颇有争议,迄今约有以下几种不同观点。一、生于高宗显庆元年(656),卒于武后圣历元年(698)。二、生于高宗显庆元年(656),卒于圣历初,年四十余。三、生于高宗龙朔元年(661),卒于武后长安二年(702)。四、生于高宗显庆四年(659),卒于武后久视元年(700)。五、生于高宗显庆三年(658),卒于武后圣历二年(699)。——编者注

飘零
君不
知

曲池荷

卢照邻

浮香绕曲岸，圆影[1]覆华池。

常恐秋风早，飘零[2]君不知。

---

1 圆影：荷叶在水中圆圆的投影。此处代指荷叶。

2 飘零：坠落，凋落。

盛夏时节，清风伴荷香，绿水绕画舫。

月光下，少年诗人信步而行，前方之路曲曲折折，也不知走向何方。

忽而，曲池之上泛着阵阵清香，"浮香绕曲岸"，正是荷花盛开，未见其形，先闻其香。

"圆影覆华池"，皎皎月光倾泻人间，映出花叶之影，影影绰绰，覆盖华池。

夜晚的荷花，是宁静的，是温婉的，是隐秘的。一花一叶，似在月光下倾诉，似在曲池中轻歌。

这么美的荷花，若有一日，逢秋凋零……

诗人忽而心生伤感，叹道："常恐秋风早，飘零君不知。"

常忧秋风来得太早，令草木衰败，残荷零落，君却不知那花曾经盛开。

花是如此，人亦是如此。诗人以花自比，"言外有抱才不遇，早年零落之感"，恐世人负异才，流落天涯无人知。

卢照邻，字升之，出身名门，十岁时，远赴江南跟随文学大儒曹宪、经石专家王义方学习，学有所成后，即奔赴长安干谒求仕。

少年所求之事，无非光明的前程。若常年不遇伯乐，与那困于曲池的荷花有何区别？

幸而，苍天不负，他在二十岁左右时，凭借过人才华，成了邓王府的典签。邓王，李元裕，唐高祖李渊第十七子。典签，则是处理文书的小吏，虽官职不高，却深受礼待。邓王曾对属下道："此人乃是我的司马相如。"

后来，卢照邻又出任益州新都（今四川成都新都区）尉，逗留蜀中数载后离开蜀地，暂居洛阳。

在洛阳，他与家人团圆，又逢新春，遂作《元日述怀》："筮仕无中秩，归耕有外臣。人歌小岁酒，花舞大唐春。草色迷三径，风光动四邻。愿得长如此，年年物候新。"

这是他一生中最欢喜的时刻，遂许下心愿：岁岁风物，日日添新。

他希望继续幸福下去，哪怕出仕不顺，哪怕此生平凡，他也怡然自乐，洒脱自得。

那年，卢照邻寓居洛阳，行路之时，偶有所感，挥笔写下一首七言古诗《长安古意》：

长安大道连狭斜，青牛白马七香车。

玉辇纵横过主第，金鞭络绎向侯家。

龙衔宝盖承朝日，凤吐流苏带晚霞。

百尺游丝争绕树，一群娇鸟共啼花。

游蜂戏蝶千门侧，碧树银台万种色。

复道交窗作合欢，双阙连甍垂凤翼。

梁家画阁中天起，汉帝金茎云外直。

楼前相望不相知，陌上相逢讵相识？

借问吹箫向紫烟，曾经学舞度芳年。

得成比目何辞死，愿作鸳鸯不羡仙。

比目鸳鸯真可羡，双去双来君不见？

生憎帐额绣孤鸾，好取门帘帖双燕。

双燕双飞绕画梁，罗帷翠被郁金香。

片片行云着蝉鬓，纤纤初月上鸦黄。

鸦黄粉白车中出，含娇含态情非一。

妖童宝马铁连钱，娼妇盘龙金屈膝。

御史府中乌夜啼，廷尉门前雀欲栖。

隐隐朱城临玉道，遥遥翠幰没金堤。

挟弹飞鹰杜陵北，探丸借客渭桥西。

俱邀侠客芙蓉剑，共宿娼家桃李蹊。

娼家日暮紫罗裙，清歌一啭口氛氲。

北堂夜夜人如月，南陌朝朝骑似云。

南陌北堂连北里，五剧三条控三市。

弱柳青槐拂地垂，佳气红尘暗天起。

汉代金吾千骑来，翡翠屠苏鹦鹉杯。

罗襦宝带为君解，燕歌赵舞为君开。

别有豪华称将相，转日回天不相让。

所谓权臣，便是做错了，也不觉得错。

一场牢狱之灾，毁了诗人的梦想、希冀。

不知过了多少日子，卢照邻终于走出那间昏暗的牢房。

阳光之下，他却感受不到温暖，只觉得身体一日不如一日，医者告诉他："你这是患了风疾。"

风疾，不治之症。

他居于长安附近的太白山上，遇"药王"孙思邈，并拜其为师。只可惜，他患病日久，不可痊愈。

养病期间，他写过一篇文章——《病梨树赋》，为病树作赋。那时的他，"伏枕十旬，闭门三月"，庭中无众木，唯有病梨一树相伴，花实憔悴，枝叶伶仃。这棵病树，何尝不是他自己？

赋中言："无庭槐之生意，有岩桐之死枝。尔其高才数仞，围仅盈尺，修干罕双，枯条每只，叶病多紫，花凋少白。夕鸟怨其巢危，秋蝉悲其翳窄。怯冲飙之摇落，忌炎景之临迫。"

这一刻，他忽然想到当年的那一池荷花，庭中病树的怯"摇落"与池中荷花的叹"飘零"，意境竟如此相似。原来，年少时遇见的一草一木，皆是冥冥之中的安排。那时候，命运的齿轮就已经开始转动，岁岁年年，日日夜夜，渐渐地，予他欢喜，予他悲惨，予他病痛，予他死亡。

他在《释疾文》的序中言："余羸卧不起，行已十年，宛转匡床，婆娑小室。未攀偃蹇桂，一臂连蜷；不学邯郸步，两足铺匐。寸步千里，咫尺山河。"

十年卧病，疾甚，足挛，一手又废，何谈理想？何谈风骨？

他命人为自己建坟墓，时常一个人躺在墓中，闭上双眼，感受沉寂，感悟死亡。他不再执着于治病，从一心求生，变为一心求死。生命于他而言，已到了终点，此刻，虽还苟活，却已无心。

他想，与其被病痛折磨至死，不如自己亲手了结此生。

一个平常又特殊的日子，他与亲友一一诀别，那般平静，那般从容。那日，他投颖水而亡，年仅四十岁。

或许，那颖水之中，也开满了荷花。

浮香千里送君去，人间蹉跎思少年。此后，大唐的荷花，又为何人盛开？

此去
路难行

送杜少府之任蜀州¹

王　勃

城阙辅三秦²，风烟望五津³。

与君离别意，同是宦游⁴人。

海内存知己，天涯若比邻。

无为在歧路⁵，儿女共沾巾。

1　蜀州：今四川省崇州市。一作"蜀川"。
2　城阙：即城楼，指京城长安。辅：护卫，夹辅。三秦：泛指长安城附近的关中
　　地区，即今陕西省潼关以西一带。
3　五津：指长江自湔堰至犍为一段的五个渡口，包括白华津、万里津、江首津、
　　涉头津、江南津。
4　宦游：远离家乡，出外做官。
5　无为：无须，不必。歧路：岔路。此处指古人送别时分手的地方。

离别，是诗人笔下的深情。

长安城外，鸿雁悲鸣，长亭中，只听有人叹道："此番离去，不知何年重逢！"

此人便是王勃的好友——杜少府。

少府，是唐代对县尉的通称。这位杜姓好友即将赴蜀中任职，临别之时，王勃为宽慰好友，作诗相赠。

"城阙辅三秦"，指送别的地点。城阙，指京城长安。三秦，指长安附近的关中一带。秦朝末年，项羽曾把此处分为三区，故被后世称为"三秦之地"，茫茫原野，守护长安。

"风烟望五津"，指杜少府任职的地点。五津，指蜀中岷江的五个渡口，那里风尘烟霭，苍茫无际。

两个地方，两种风貌，经此一别，便是遥遥千里。

彼时，两人怀着怎样的情意？是离别的愁绪，是漂泊的惆怅。只因他们同是背井离乡的为官者，宦海浮沉，共感忧伤。

不过，何必凄恻！诗人道："海内存知己，天涯若比邻。"

只要世上还有知己，纵然远隔天涯，也如近邻一般。友情，从不会因时间、地点而褪色，即便千山万水，只要彼此思念，便有重逢之日。

所以，绝不可在岔路分手之时，如小儿女般挥泪告别。

那日，王勃望着远去的马车，没有伤感，只有祝福。他洒脱、乐观、豁达，不惧离别，不畏思念。

未经苦难，便总是如此乐观。

他坚信，他永远不会离开长安。因为，他是得帝王称赞的"大唐奇才"。黑夜，他是璀璨的星辰；黎明，他是破晓的曙光。

这样的人，怎会跌落？

这样的人，也会跌落。

事情要从一篇檄文讲起。沛王李贤与英王李显素爱斗鸡，王勃身为沛王府修撰，一时兴起，竟写了一篇《檄英王鸡文》。檄文，指声讨敌人或叛逆的文书。这篇文章相当于王勃给英王的鸡下战书，不过是为了助兴，可是，不知怎么回事，最后竟传到了皇帝手中。皇帝读后，想到的是挑拨离间，令手足相残，怒斥道："歪才，歪才！二王斗鸡，王勃身为博士，非但不进行劝诫，反作檄文，此人应立即逐出王府。"

这位怒骂王勃为"歪才"的皇帝，正是当年赞叹他为"奇才"的唐高宗。

就这样，王勃被罢免官职，逐出长安。

他未曾想过自己竟是这般黯然而去，从前种种风华，像是一场南柯梦，更像是一次宿命劫。他本不该受此灾祸，怎料成也才华，败也才华，自食苦果，如何释然？

此后漂泊四海，也曾遇到许多人，写下许多诗，只是，他再也写不出曾经的豪迈。

这是他的另一首送别诗。

别薛华

送送多穷路，遑遑独问津。

悲凉千里道，凄断百年身。

心事同漂泊，生涯共苦辛。

无论去与住，俱是梦中人。

薛华，即薛曜，字曜华，为王勃挚友，他的祖父薛收是王勃祖父王通的弟子，薛、王两家世代交好。

某日，挚友将要离去，王勃作诗相送。

这首诗，满是悲苦。

送君一程又一程，前方是无数条难行的路。世道艰难，穷途末路，偏偏离人要独行，沿途问津，惶惶不安。他曾感受过切肤之痛，便知道，这条人生之路终究会令人战战兢兢，如履薄冰。

千里行程，唯有悲凉相伴，似要击垮这副羸弱身躯。此去经年，天涯海角，彼此都漂泊无依，辛酸凄苦。

再无"海内存知己，天涯若比邻"，只剩"心事同漂泊，生涯共苦辛"。或许，这也是一种安慰吧！至少，这世间，还有一个人陪你孤独，陪你悲痛。

无论是离开的人，还是留下的人，去与住，皆是对方梦中的人。若梦境能填平思念，那么，多少人宁愿活在梦中。

咸亨元年（670），王勃与薛华再次分别。

离别并不遗憾，遗憾的是，重逢时，你我已不是当年的模样。

为何思念？是因往事难忘。为何苦恼？是因物是人非。

重别薛华

明月沉珠浦，秋风濯锦川。

楼台临绝岸，洲渚亘长天。

旅泊成千里，栖遑共百年。

穷途唯有泪，还望独潸然。

秋风明月夜，有楼台，有锦川，这分别之地是蜀中，"风烟望五津"的蜀中。

如今，他站在这片土地上，只觉得江岸高陡，洲渚连天，没有风烟笼罩，只有无边无际。

他望不到尽头，天之大，路之远……

风光时，便是明月星辰，也觉得伸手可及；失意时，便是草木花鸟，也觉得遥不可及。此刻，他是孤独的，且要孤独许久，久到人生百年。

这百年间，他要旅泊千里，日夜凄惶。这是他推想的一生，却不是他想要的一生。

"穷途唯有泪，还望独潸然。"又是"穷途"，这一次，他落泪了。他望着眼前的路，唯有泪；回想走过的路，独潸然。

多想回到那个见山是山，见海是海的年纪，没有伤感，没有愤然，还相信少年白马青衫，还等待故人撑伞而还，便是黑夜，也会笑对灯火阑珊。

一切终成陈年回忆，终成彻骨之伤。

世人之所以怀念旧时，是因为那段时光有过热爱，有过锋芒，有过憧憬，并且此种感情，往后余生，未再拥有。

阁中帝子
今何在

滕王阁

王　勃

滕王高阁临江渚[1]，佩玉鸣鸾[2]罢歌舞。

画栋朝飞南浦[3]云，珠帘暮卷西山[4]雨。

闲云潭影日悠悠，物换星移几度秋。

阁中帝子[5]今何在？槛外长江空自流。

1　江：指赣江。渚（zhǔ）：水中的小洲。

2　鸣鸾：即鸣銮，此处指身上佩戴的响铃。

3　南浦：地名，位于南昌市西南。浦：水边或河流入海的地方（多用于地名）。

4　西山：南昌名胜，又名南昌山、厌原山、散原山，位于江西南昌市新建区西部。

5　帝子：指滕王李元婴。

虢州（今河南灵宝），茶余饭后，百姓们都谈论着一桩蹊跷的案件：虢州参军王勃杀人了！

"听闻，他藏匿罪犯曹达，怕走漏风声，便杀人了事。"

"这可是死罪！"

"此事存疑，既是藏匿，又为何杀人？"

"莫非是诬陷？"

是阴谋，还是事实？世人口中，各有评说。

狱中，王勃得到了一个消息：天下大赦。

虽保住了性命，却再难入仕。

只恨，此事连累了父亲，使其从雍州司功参军被贬为交趾县（今越南河内）县令。王勃曾在《上百里昌言疏》中言："今大人上延国谴，远宰边邑。出三江而浮五湖，越东瓯而渡南海。嗟乎！此勃之罪也，无所逃于天地之间矣。"

一年后，王勃踏上了探父之路，南下千里，且行且叹。那一路，穿过万重青山，望过迢迢星河，似乎释然了，又似乎厌倦了。

那日，他途经洪州（今江西南昌），收到一封请帖，洪州都督阎公重修滕王阁，定于九月九日重阳节，于滕王阁宴请文人雅士，共赏高阁盛景。

深秋九月，一场秋雨过后，众人登上滕王阁。

滕王阁，位于赣江之畔，是唐高祖李渊最小的儿子滕王李元婴所建，并以其封号为阁名。

席上，宾客谈笑之时，目光皆若有若无地落在王勃身上。有的人，只坐在那里，便是不说一字，也有令人瞩目的星光。

他一袭青衫，手执酒杯，微微闭目，听着丝竹管弦之声，似在思索着什么……

阁外，寒潭清澈，暮霭沉沉。阁内，觥筹交错，酒意酣畅。三巡酒过，都督阎公命人拿出笔墨，高声道："今重修滕王阁，不知何人高才，能为此作序？"

阎公此举别有深意，他的女婿吴子章颇有文采，为让女婿展露才华，他早已准备好了一篇序文，只待众人推托之后，就让女婿拿出序文。

宾客们毫无准备，纷纷推辞，唯有王勃，接过笔墨，起身道："不才探父路过洪州，今有幸赴盛宴，斗胆作序，请诸位雅正。"

说罢，挥笔行文，思如泉涌。

阎公心感不悦，假借更衣离席，并吩咐部下暗中关注王勃的文章，随时报与他知。

片刻之间，部下来报："开头两句为，豫章故郡，洪都新府。"阎公听之，只道："老生常谈，毫无新意。"

接着，部下又报："星分翼轸，地接衡庐。"

阎公闻言，沉默不语，没有嘲讽，也没有置评。

直到部下再一次来报："落霞与孤鹜齐飞，秋水共长天一色。"

阎公拍案而起，惊叹道："此真天才，当垂不朽矣！"

一篇《滕王阁序》，令多少文人望尘莫及，多少墨客叹为观止，这是盛唐的风华，是永恒的烟火。

滕王阁序

豫章故郡，洪都新府。星分翼轸，地接衡庐。襟三江而带五湖，控蛮荆而引瓯越。物华天宝，龙光射牛斗之墟；人杰地灵，徐孺下陈蕃之榻。雄州雾列，俊采星驰。台隍枕夷夏之交，宾主尽东南之美。都督阎公之雅望，棨戟遥临；宇文新州之懿范，襜帷暂驻。十旬休假，胜友如云；千里逢迎，高朋满座。腾蛟起凤，孟学士之词宗；紫电青霜，王将军之武库。家君作宰，路出名区；童子何知，躬逢胜饯。

时维九月，序属三秋。潦水尽而寒潭清，烟光凝而暮山紫。俨骖騑于上路，访风景于崇阿。临帝子之长洲，得天人之旧馆。层峦耸翠，上出重霄；飞阁流丹，下临无地。鹤汀凫渚，穷岛屿之萦回；桂殿兰宫，即冈峦之体势。

披绣闼，俯雕甍，山原旷其盈视，川泽纡其骇瞩。闾阎扑地，钟鸣鼎食之家；舸舰弥津，青雀黄龙之舳。云销雨霁，彩彻区明。落霞与孤鹜齐飞，秋水共长天一色。渔舟唱晚，响穷彭蠡之滨；雁阵惊寒，声断衡阳之浦。

遥襟甫畅，逸兴遄飞。爽籁发而清风生，纤歌凝而白云遏。睢园绿竹，气凌彭泽之樽；邺水朱华，光照临川之笔。四美具，二难并。

穷睇眄于中天，极娱游于暇日。天高地迥，觉宇宙之无穷；兴尽悲来，识盈虚之有数。望长安于日下，目吴会于云间。地势极而南溟深，天柱高而北辰远。关山难越，谁悲失路之人；萍水相逢，尽是他乡之客。怀帝阍而不见，奉宣室以何年？

嗟乎！时运不齐，命途多舛。冯唐易老，李广难封。屈贾谊于长沙，非无圣主；窜梁鸿于海曲，岂乏明时？所赖君子见机，达人知命。老当益壮，宁移白首之心？穷且益坚，不坠青云之志。酌贪泉而觉爽，处涸辙以犹欢。北海虽赊，扶摇可接；东隅已逝，桑榆非晚。孟尝高洁，空余报国之情；阮籍猖狂，岂效穷途之哭！

勃，三尺微命，一介书生。无路请缨，等终军之弱冠；有怀投笔，慕宗悫之长风。舍簪笏于百龄，奉晨昏于万里。非谢家之宝树，接孟氏之芳邻。他日趋庭，叨陪鲤对；今兹捧袂，喜托龙门。杨意不逢，抚凌云而自惜；钟期既遇，奏流水以何惭？

呜呼！胜地不常，盛筵难再；兰亭已矣，梓泽丘墟。临别赠言，幸承恩于伟饯；登高作赋，是所望于群公。敢竭鄙怀，恭疏短引，一言均赋，四韵俱成。请洒潘江，各倾陆海云尔。

从登阁所见，到因景生情，不惜笔墨，写尽深秋九月之景，有水光山色之变，有渔舟唱晚之想，有穷途末路之叹。

景色，句句生辉；感情，兴尽悲来。王勃提到"君子见机，达人知命"，由此可见，他仍思进取，不坠青云之志，虽"三尺微命，一介书生"，却也想有朝一日，重新立于云巅之上。

生命的意义，或许就是永不停歇地拼搏，于黑暗中寻找光明，于荆棘中开辟坦途，不曾忘却初心，不曾改变方向。这条路，漫长且孤独，我们终是渺小的独行者，虽步履维艰，仍寸寸向前。

这篇序文的最后，王勃写了一首四韵小诗。

"滕王高阁临江渚，佩玉鸣鸾罢歌舞。"滕王高阁，巍峨临江渚，遥想当年，佩玉响，銮铃鸣，一曲歌舞，一场盛宴。而今，歌罢舞休，不见旧日繁华。

"画栋朝飞南浦云，珠帘暮卷西山雨。"清晨，可见"南浦云"掠过雕梁画栋；傍晚，可见"西山雨"吹打珠帘。

"闲云潭影日悠悠，物换星移几度秋。"潭中倒映的闲云，悠悠而来，悠悠而去，岁月流转，物转星移，不知过了多少个春秋。

这些年，又是怎样的人世变迁？江山更迭，物是人非。一朝朝，一代代，所有人都在经历着悲欢离合。

诗人不禁感叹："阁中帝子今何在？槛外长江空自流。"

曾经高阁中的滕王如今何在？不在了，一切都不在了。唯有那栏杆外的江水依旧流淌，日夜不息。

那江水会不会也感到孤独？

它从不停歇，却不知要流向何方……

次日，王勃又踏上了南下之路。

他走了许久许久，终于，到了交趾，看见了荒凉的土地，与年迈的父亲重逢了。

也许，他可以一直留在此处，慢慢老去。

可他，偏偏又不甘，不甘坠落，不甘平凡。

他告别了父亲。他想，再试一试。

如果，长安能容下他；

如果，君主能谅解他；

如果，命运能眷顾他……

可惜，他等不到"如果"。归途中，南海风急浪高，王勃不幸溺水，惊悸而亡。

这便是命运吧！命运，不曾给他机会。月光虽已将归程照亮，可惜，山高水长，他未能走到尽头。

我知人生实难，也知命运无常，所以从不敢奢望，只愿所行之路，偶有星光。

凉州一梦
隔千山

凉州词（其一）

王之涣

黄河远¹上白云间，一片孤城万仞²山。

羌笛何须怨杨柳³，春风不度⁴玉门关。

---

1 远：一作"直"。
2 仞：古代长度单位，一仞相当于七尺或八尺。
3 何须：何必。杨柳：指《折杨柳》曲。古代常以杨柳喻送别情事。
4 不度：吹不到。

开元年间的某个寒冬，白雪茫茫，人间清明。

此时，王昌龄、高适、王之涣都还无官无职，他们相约于旗亭酒楼，红泥小炉，煮酒论诗，如此惬意，如此悠然。

忽而，有梨园十余名弟子登楼举行宴饮，于是，三人便围炉观之。少顷，只见四位美艳的梨园女子缓缓而来，摇曳生姿，环佩叮当，随即奏乐轻歌，所奏之乐皆为当时名曲。

王昌龄等人私下约定："我辈各擅诗名，难分高低，不如趁此机会，密观伶人所歌，诗入歌词之多者为优。"

这时，一位歌女先唱道："寒雨连江夜入吴，平明送客楚山孤。洛阳亲友如相问，一片冰心在玉壶。"

王昌龄抬手在墙壁上画上一道，笑道："此乃吾之绝句。"

接着，另一位歌女唱道："开箧泪沾臆，见君前日书。夜台何寂寞，犹是子云居。"

高适也伸手画壁，道："吾之绝句。"

随后，又一位歌女清唱道："奉帚平明金殿开，且将团扇共徘徊。玉颜不及寒鸦色，犹带昭阳日影来。"

王昌龄再次伸手画壁，并道："两首绝句。"

王之涣自认扬名许久，可歌女竟未唱其诗作，有些失了颜面，便对王昌龄、高适道："此辈皆为潦倒乐官，所唱不过是下里巴人之曲，那阳春白雪之类，岂是她们唱得了的！"

　　于是，他指着相貌最佳的一位歌女道："待此女所唱，若非吾诗，吾今生便不再和你们争高下；若唱吾诗，子等须列拜床下，奉吾为师。"

　　须臾，那位佳人唱道："黄河远上白云间，一片孤城万仞山。羌笛何须怨杨柳，春风不度玉门关。"

　　这正是王之涣的诗作。他笑道："如何？我说的不错吧？"

　　三位诗人拊掌而笑，伶人们不知他们为何而笑，便问："不知诸郎君，何此欢噱？"

　　王之涣等人便把缘由告诉她们，伶人闻言，竟拜道："俗眼不识神仙！"

　　这便是"旗亭画壁"的故事，出自唐人薛用弱的《集异记》。

　　《凉州词》共有两首。

其　一

　　黄河远上白云间，一片孤城万仞山。

　　羌笛何须怨杨柳，春风不度玉门关。

其　二

单于北望拂云堆，杀马登坛祭几回。

汉家天子今神武，不肯和亲归去来。

那日，王之涣初到凉州（今甘肃武威），听着《折杨柳》歌，写下第一首《凉州词》。

他曾在《登鹳雀楼》中写"黄河入海流"，入海，是黄河真实的归宿。此诗，他写"黄河远上白云间"，滔滔黄河之水好似飞上遥远的云端。白云间，是诗人神思飞越，想象中的黄河归宿，不是由天上而来，而是远上云间。

一座孤城耸峙在高山中，那是凉州，是人烟稀少的边塞，没有江南水乡的静谧，没有京都长安的繁华，只有征夫的白发，离人的愁绪。

忽然，他听到一阵羌笛声。北朝乐府《梁鼓角横吹曲》中有《折杨柳》，歌曰："上马不捉鞭，反折杨柳枝。蹀座吹长笛，愁杀行客儿。"

这首曲辞，是写离别。柳者，留也，古人临别时"折柳"，含惜别之意。塞外杨柳，也暗示思乡之情。

何必用羌笛吹奏哀伤的《折杨柳》？春风本就吹不到玉门关，既无春风，何来杨柳？

长安的春风吹不到边关，京华的王侯听不到愁怨，遥遥千万里，明月之下，一边是繁荣，一边是苦难。

第二首《凉州词》，反映了唐朝与突厥之间的关系。突厥首领来中原求亲，北望拂云堆神祠，回想昔日登台祭祀，兴兵犯唐，颇有信心。

然而，如今的唐朝天子神武超绝，不肯和亲，突厥首领只好悻悻而返。

开元年间，突厥首领小杀[1]曾乞与玄宗为子，玄宗许之；又欲娶公主，玄宗只厚赐，不许和亲。

小杀问唐使袁振，袁振说："可汗既与皇帝为子，父子岂合为婚姻？"

之后，小杀派遣大臣颉利发入朝纳贡。一日，颉利发与玄宗射猎，突然有只兔子跃于御马前，玄宗引弓傍射，一发获之。

颉利发下马捧兔道："圣人神武超绝，若天上则不知，人间无也。"

玄宗为其设宴，厚赐而遣之，最终不许和亲。

盛唐之所以强大，是因无数将士誓死守护着那片土地。玉门关，春风不度，敌人不攻。

这是盛世，这是大唐，可总有一些人负重前行，为了家国，为了希望，踏上风霜之路，半生征战沙场，半生戍守边疆。

多年以后，诗人高适出塞，走遍草原荒漠，也曾听到羌管悠悠，也曾感叹世事无常。

那一晚，他想到了好友王之涣的《凉州词》，便以同样的风格和了一首，题为《和王七玉门关听吹笛》：

胡人吹笛戍楼间，楼上萧条海月闲。

借问落梅凡几曲，从风一夜满关山。

---

1 小杀：即毗伽可汗。——编者注

胡人吹起羌笛，那声音回荡在戍楼之间。戍楼之上，寥落萧条，明月清幽。有笛声，有明月，这是思乡之情。

借问落梅之曲有几首？随着万里夜风传满关山。

此刻，笛声幽怨，诗人辗转难眠，他多想与好友再见一面。

几年前，高适也曾马不停蹄，风尘仆仆来到蓟门，想见王之涣一面，却得知王之涣出游去了，只能留下一首《蓟门不遇王之涣、郭密之，因以留赠》：

> 适远登蓟丘，兹晨独搔屑。
>
> 贤交不可见，吾愿终难说。
>
> 迢递千里游，羁离十年别。
>
> 才华仰清兴，功业嗟芳节。
>
> 旷荡阻云海，萧条带风雪。
>
> 逢时事多谬，失路心弥折。
>
> 行矣勿重陈，怀君但愁绝。

不知为何，总觉得错过这一次，便没有下一次了。那些未说出的话，那些未道出的情，也终究难说。云海茫茫，风霜雨雪，他早已没有归宿感。

数年后，高适又一次出塞，是奉命送招募的青夷军去蓟北驻地。除夕之夜，漫天飞雪，微弱的烛光下，他写下《除夜作》："旅馆寒灯独不眠，客心何事转凄然？故乡今夜思千里，霜鬓明朝又一年。"

多么熟悉的飞雪！只是少了红炉、浊酒、故人。回想当年"旗亭画壁"，已是很久很久以前……

而今，王昌龄被贬至偏远之地为县令，王之涣早已离世多年。

物是人非，斯人已去，独留白云千载，一片孤城。

天宝十一载（752），高适入陇右节度使哥舒翰幕府任掌书记，从此，开启了另一段军旅生涯，雪虐风饕，马革裹尸。

他写下的一篇篇关于边塞的诗，是行走在草原荒漠的孤独，是仰望着白云落日的思念，是追寻于金戈铁马的豪迈，是孤城的烽火狼烟，是将军的角弓铁衣，总能唤醒无数沉睡的铁血灵魂，心之所向，是悲壮，是苍凉。

他行过故人行过的路，见过白云之间的黄河水，春风不度的玉门关。

落日斜，孤城寂，长风万里，羌笛几曲，古道之上，有人高声唱着："昔我往矣，杨柳依依。今我来思，雨雪霏霏。"

是思念，是惆怅，是遥远的归家路，是征人的心上泪。

离开时，我望杨柳依依；归来时，我遇雨雪霏霏。这一路，走过多少春秋，回首处，尽是沧桑。

唯有，旧时的故人，最是难忘。

千秋功过

无一字

如意娘

武则天

看朱成碧[1]思纷纷，憔悴支离[2]为忆君。

不信比来[3]长下泪，开箱验取石榴裙。

---

1 看朱成碧：将红的看成绿的，描写女子的相思之苦。
2 支离：形容面容憔悴，精神散漫，身体衰弱。
3 比来：近来，近时。

她是盛唐的朱砂痣，红袖挥落，千里江山。

公元701年，女皇再次回到长安。此时，她已七十八岁，人生暮年，总要回到熟悉的地方，或是怀念，或是忏悔，或是赎罪。

大明宫，莺啭宫阙，月隐禁城，恰似当年，又不似当年。她走过宫阙万间，抚过轩窗玉栏，最后，停下脚步，伫立在无字碑前，久久凝望，沉默不言，那双苍老的眼眸中藏着多少离合悲欢？

前尘如梦，谁将相思埋？谁将朱颜改？

她的故事，便从其幼年讲起吧。

父亲武士彟在世之时，家境殷实，衣食无忧，有庇护，有依靠，她只是一个无忧无虑的孩子。贞观九年（635），父亲骤然去世，她们孤儿寡母，相依为命，受尽排挤。这是她第一次感受到世界的恶，人情的冷。

那时候，她依偎在母亲的怀中，默默地想：如果，拥有了权力……

女子可行之路本就在尺寸之间，偏偏又有世俗的枷锁，礼教的束缚，除却几年懵懂无知，几年风烛奄及，剩下的便是相夫教子，真正属于自己的时间少之又少。这样的生活，是压抑的，是麻木的，是不公的。

所以，她要走一条不同的路。

不知读了多少诗书，写了多少文章，其才名方传入宫中。十四岁那年，太宗李世民将她纳入后宫，封为五品才人，并赐号"武媚"。

临别之时，她对母亲道："侍奉圣明天子，岂知非福，为何还要哭哭啼啼，作儿女之态呢？"

她清楚地知道，离自己所求更近了一步。

那年，天子得了一匹名马——狮子骢。此马肥逸，无人能驯，武媚侍奉在侧，一袭石榴裙，明媚夺目。她道："妾能制之，然须三物，一铁鞭、二铁檛、三匕首。铁鞭击之不服，则以檛檛其首，又不服，则以匕首断其喉。"

这便是她的驯马之策：难以驯服的马，留其性命，又有何用？

那时，武媚并不懂得隐藏锋芒，她不知，随口说出的这番话，引来了多少祸事。此后，宫人疏远她，天子冷落她，臣子轻视她。

唯有一个人，小心翼翼地走进她的生活。李治，大唐太子，觊觎天子的女人，甚至罔顾伦理道德，与其暗中幽会，订下鸳盟。

李治是爱她的，这一点，毋庸置疑。

可是，她爱李治吗？天子病重，她与太子私会，到底是为了爱情，还是为了谋条后路？

李治没有问，她也未曾说。

两人心照不宣，继续爱慕，继续往来，直到贞观二十三年（649），李世民病逝。依照唐例，武媚无子嗣，将被送往感业寺出家为尼。

侍奉天子，福兮？祸兮？

武媚离去之时，终究是不甘，所以，也曾深深凝望那个人，顾盼流连，楚楚动人。

她像一个赌徒，把全部的赌注押在了一个人身上。结局，或是扶摇直上，或是遍体鳞伤。

感业寺，青灯古佛，木鱼声声。

她削尽了三千烦恼丝，却断不了恋恋红尘事。听闻，李治即位以后，立嫡妻王氏为皇后，封长子陈王李忠为雍州牧。

一年了，他未曾送来一封书信，未曾传来一句口谕，他是不是已经忘了她？

想着，想着，武媚的心便乱了。

她知道，若要走出这间佛寺，就必须放低姿态，先如凌霄花般依附于强者，再如寒梅般绽放于风雪。于是，她写下一首情诗《如意娘》："看朱成碧思纷纷，憔悴支离为忆君。不信比来长下泪，开箱验取石榴裙。"

王僧孺曾于《夜愁示诸宾》中写："谁知心眼乱，看朱忽成碧。"

那位痴情的女子，因思绪太乱，以致魂不守舍，才将朱色看成碧色。"看朱成碧"，朱是温暖的红花，碧是冰冷的绿枝，暗示着女子处境艰难，饱受相思之苦。

只因太过思念，身体为君憔悴，内心为君破碎。"憔悴支离为忆君"，也不知这话是真是假，不过，既有人写，自有人信。深情，总是带着几分期望，几分谎言，一个欺骗，一个受骗。其实，他们心里比

谁都清楚，比谁都明白，只是心甘情愿地沉迷。

武媚是懂男子的，更懂得如何掌控男子的心。相思之情，写得太深，则为矫情；写得太浅，则为敷衍，唯有这般欲语还休，方能令人魂牵梦萦。

最后两句，她并未写相思，只写了一件旧物——石榴裙。

"不信比来长下泪，开箱验取石榴裙。"若是不信"我"因思念而落泪，便开箱看看石榴裙上的斑斑泪痕吧！

石榴裙，是唐代女子极为青睐的一种服饰，色如石榴之红，不染它色，俏丽动人。她已出家，远离红尘，却还偷偷地留着那件石榴裙，想着，有朝一日，再着红装，再诉衷肠。

于她而言，这件罗裙意义非凡，那不仅仅是一种希望，更是一种寄托，时刻提醒着她要隐忍，要等待。

终于，先帝周年忌日，她等来了李治。

李治入感业寺进香，二人再次相遇，一个是九五之尊，一个是布衣尼姑，她站在人群中，远远望着他，灯影摇曳，香火缭绕，他忽而回眸，似在寻找她的身影。

她想起诸多往事，巍峨殿宇，寂静无声，他的欲望，他的誓言，历历在目。那些记忆，像是锋利的刀刃，狠狠划过她的心脏，让她窒息，让她慌张。

那日，两人相认，互诉相思。

她拿出那首诗，缓缓递给他，含泪道："不信比来长下泪，开箱验取石榴裙。"

他记得，初见她时，她一袭红裙，手握匕首，侃侃而谈驯马之策。那一刻，她是大唐最美的女子，他以她为傲。

那样骄傲的女子，此刻竟卑微到了尘埃里，只想长长久久陪伴他。

其实，自即位以后，他一直在思索：如何接她回宫？如何堵住悠悠之口？他从未放弃她，正如那时坚定地选择她。

这一次，他许诺道："待守孝期满，朕必召你入宫。"

对她，他从未食言。次年，五月，武媚再度入宫，被拜为二品昭仪，而后，又被立为皇后。

这是属于帝王的深情，念念不忘，排除万难，为了她，甘愿与礼法为敌，甘愿于史书中留下污点，甚至，弥留之际，将天下都留给了她。

弘道元年（683），洛阳，紫微宫。

李治病重，于贞观殿中病逝。临终前，他留下一封遗诏："七天装在灵柩内，皇太子在灵柩前即皇帝位。园陵制度，务以节俭。军国大事有不能决断者，请天后处理决断。"

这是他最后一次纵容她。即便知晓她的凉薄、野心与城府，他还是将李唐江山交给了她。

如果这是你心所愿，那我便倾尽所有，直到生命的尽头。只是，媚娘你可知，高处不胜寒。从此，你便是孤家寡人，再无亲人，再无故友，无论阴谋，还是斧钺，归途三千，只能一人走遍。

再后来，她得到了权力、尊重与荣耀，君临天下，万人敬仰，成为一代女皇。

帝王也是血肉之躯，余生，无论她拥有多少男宠，总也填不满内心的空虚，自君别后，万事皆休。

风烛残年，她走在大明宫的长廊，忽而觉得，这条路如此漫长……

她对他，是如此想念。

神龙元年（705），农历十一月二十六日，武媚于上阳宫病逝。最后，她去帝号，称"则天大圣皇后"，与高宗李治合葬于乾陵。

她只想做回他的妻子，天上人间，双宿双飞。

我很喜欢《面纱》中的一句话："我知道你愚蠢、轻佻、头脑空虚，然而我爱你。我知道你的企图、你的理想，你势利、庸俗，然而我爱你。"

爱之深，所以，毫不在意。

我不是不知你的面目，只是包容了你的所有。

这一世，尔虞我诈，明争暗斗，早已分不清真假，唯有爱你，是我的执着。

云中锦书
情难寄

彩书怨

上官婉儿

叶下洞庭初[1]，思君万里余。

露浓香被冷，月落锦屏[2]虚。

欲奏江南曲[3]，贪封蓟北书。

书中无别意，惟怅久离居。

1　此句化用屈原《九歌·湘夫人》："袅袅兮秋风，洞庭波兮木叶下。"叶下：秋
　　天到来之征。
2　锦屏：锦绣华丽的屏风。此处指天空。
3　江南曲：汉乐府曲调名，此处代指歌咏游乐之曲。

那年，大明宫，秋色正浓，枫叶似火，回廊处，宫娥欢声笑语地结伴而行，婉儿远远地望着，那些热闹，与她无关。

她从来都是一个人，独来独往，没有人敢靠近她，只因她那复杂又特殊的身份——罪臣之后，武后心腹。

她复姓上官，她的祖父上官仪曾是宰相，因替高宗起草废除武后的诏书，与她的父亲上官庭芝一起被武则天所杀。那时候，她还只是一个襁褓中的婴儿，与母亲郑氏被没入掖廷为奴，自幼便尝尽人情冷暖。

虽然环境那样艰苦，母亲却并没有放弃她，教她读书、作诗，对她说："婉儿，你要记住，你是上官家的女子。"

上官，这个姓氏仿佛带着一种荣耀，而她，总有一日，会夺回属于上官家的荣耀。也许是上官家的悲剧成就了她不平凡的一生，让她一步步争得权力、尊重，最终，成为那个注定被载入史书的女子。

仪凤二年（677），武则天召见了年仅十四岁的上官婉儿，这是她命运的转折点。面对武后，女孩没有一丝慌张，她从容不迫地写下一篇文章。武后览后甚悦，立即免其奴婢身份，命其掌管宫中诏命。

从此，她小心翼翼地侍奉在侧，曲意逢迎，察言观色。她所做的一切，都是为了生存。

深夜无人之时，她曾与武则天共处一室，那时候，望着武后伏案的背影，她乍然生出了恨意，暗想："或许，可以杀了她？"

她们是仇人，血海深仇。可是，她又不能杀了她，她知道，大唐不能没有武则天。

小小年纪便要经历那样的抉择，她虽纠结无措，却也理智清醒，最后，她还是放下了仇恨。为了大唐，也为了自己。

春去秋来，上官婉儿已不再是懵懂无知的女孩。她有了爱慕之人，有时候近在眼前，有时候远在天边，她时常登上高楼，远眺东宫的方向，从日出东方望到华灯初上。

那里面住着的人是东宫太子李贤。他谈吐得体，说起话来文绉绉的，既腼腆，又可爱。

他入宫请安之时，总会刻意为她停留。公子如玉，偶尔抬起眉眼，认真地凝望着她，似有万般温柔，轻声问道："多日不见，一切安好？"

她微微点头，压低声音回了一个字："好。"

情花初绽，没有什么阴谋、欺骗、撩拨，他们只是很纯粹的两个人，虽然有着很复杂的身份。她不求什么结果，只求这样的邂逅再多一些，如此，足以慰相思。

可惜，没过多久，武后便派人揭发太子谋逆，并于东宫马房搜出数百具铠甲。于是，李贤被废为庶人，流放巴州。

听闻，他是自杀而亡，年仅三十岁。这场爱情，还未开始，便已结束。莫欢喜，总成空。生不逢时的爱，犹豫不决的心，结局总是怅然。

后来，宫中发生了神龙政变，武则天被迫退位，李显即位后，令上官婉儿专掌起草诏令，并封她为昭容，封其母郑氏为沛国夫人。

她成了李显的妃嫔，地位尊贵，手握重权。但这是爱情吗？自然不是，这只是一场合作。李显即位之初，一无亲信，二无主张，他需要一个了解朝局的人，既能辅佐自己，又不凌驾于自己。毫无疑问，上官婉儿是最好的人选。故而，李显破例赐她宫外的官邸，她可自由出入宫廷，位同宰相。

女子有了权势、地位，自然成了许多男子爱慕的对象，那些人顺从她、依附她、利用她，唯独没有人真心爱她。她像极了当年的武后，可她又没有武后的决绝。

那日，她闲来无事，拿出锦书，写下一首情诗，轻声念着："叶下洞庭初，思君万里余。露浓香被冷，月落锦屏虚。欲奏江南曲，贪封蓟北书。书中无别意，惟怅久离居。"

这首诗是何意？秋天到了，洞庭湖的红叶已开始凋零，而你却远在万里之外。我从未如此想念你，秋夜难眠，寒露凄凉，我只能盖着冰冷的被子，望着月儿缓缓下落，望着天空渐渐暗淡。多想弹奏一首江南小曲，把思念写进信中，寄往遥远的蓟北。纸短情长，信中没有过多的言语，只写着离别后的惆怅与相思。

此刻，她想念着一个男子，那是诗中"君"，是难以相见的人。

婉儿静静地看着那首诗，竟没有察觉有人走进了寝殿，忽然，身后传来太平公主的笑声，只听她调侃道："婉儿，莫不是有了心上人？"

她急忙摇头否定："没有。"

太平指着锦书上的字，笑问："那你说说，这'思君'二字，何解？"

婉儿解释道："这不过是寻常的闺怨诗，是摹想之作。"

太平并不想再追问下去，她随手将锦书合上，提醒道："如今，你是皇兄的昭容，这样的诗，若让旁人看见，难免生出是非。"

临走时，太平停下脚步，回望一眼，道："婉儿，逝者已矣。"

逝去的人，本该随着旧时的梦一同尘封，又何必再念？

大明宫，最容不下多情之人。

她记下了太平公主的话，从此，专心朝政，再无情思。

如果没有错综复杂的皇权之争，或许她可以安稳一世。怎奈，风云莫测，一旦踏入旋涡，便再难全身而退。

景龙四年（710），六月，李显突然驾崩，政权尽落皇后韦氏之手。十九天后，李隆基发动政变，率禁军攻入宫中，上官婉儿于政变中被杀。

《资治通鉴》里有这样一段记载："及隆基入宫，昭容执烛帅宫人迎之，以制草示刘幽求。幽求为之言，隆基不许，斩于旗下。"

那个夜晚，她拿着蜡烛，一步步走向李隆基，恭恭敬敬地献出遗诏，只为证明自己并非韦氏一党。没想到，李隆基忌惮其才，还是没有给她生路。

上官婉儿死后，太平公主派人去吊祭，并为她撰写墓志铭，其中写道："潇湘水断，宛委山倾。珠沉圆折，玉碎连城。甫瞻松槚，静听坟茔。千年万岁，椒花颂声。"

这世间，唯有女子最懂女子，唯有女子最怜女子。

生如蝉，
逝如秋叶

在狱咏蝉（并序）

骆宾王

余禁所禁垣西，是法曹厅事也，有古槐数株焉。虽生意可知，同殷仲文之古树；而听讼斯在，即周召伯之甘棠，每至夕照低阴，秋蝉疏引，发声幽息，有切尝闻，岂人心异于曩时，将虫响悲于前听？嗟乎！声以动容，德以象贤。故洁其身也，禀君子达人之高行；蜕其皮也，有仙都羽化之灵姿。候时而来，顺阴阳之数；应节为变，审藏用之机。有目斯开，不以道昏而昧其视；有翼自薄，不以俗厚而易其真。吟乔树之微风，韵姿天纵；饮高秋之坠露，清畏人知。仆失路艰虞，遭时徽纆。不哀伤而自怨，未摇落而先衰。闻蟪蛄之流声，悟平反之已奏；见螳螂之抱影，怯危机之未安。感而缀诗，贻诸知己。庶情沿物应，哀弱羽之飘零；道寄人知，悯余声之寂寞。非谓文墨，取代幽忧云尔。

西陆[1]蝉声唱，南冠[2]客思侵。

那堪玄鬓影[3]，来对白头吟。

露重飞难进，风多响易沉。

无人信高洁，谁为表予心。

1　西陆：指秋天。《隋书·天文志》："（日）行西陆谓之秋。"
2　南冠：春秋时楚人之冠，此处借指囚犯。
3　玄鬓：指蝉的黑色翅膀，喻指诗人正当盛年。

世间敢言者，若直言，或一时不安；若不言，便一世不安。

骆宾王便是这样的人，他是文人，也是侠者。他的笔可为利剑，斩尽天下不公，也可为灯火，照亮阴暗角落。

侠者亦如蝉，于某个盛夏，展翅；于某个深秋，沉寂。

唐高宗仪凤三年（678），骆宾王终于升任为侍御史。可惜，他生不逢时，如今的朝堂，是武则天当政，百官朝天后。女子怎可窃权乱政？他不理解，更不认同，望着高高在上的天后，他心里只有四个字：牝鸡司晨。

于是，骆宾王上疏讽刺，触忤武后，又遭小人污蔑，以贪赃之罪被诬下狱。

他只是说了想说的话、应说的话，何错之有？错的是，那些明明听见了，却装聋作哑的人；错的是，那些自诩为"忠臣"，却处处构陷、时时谗害他人的人。

牢狱中，满是冤屈，满是孤独，何人能听到他的声音，何人能陪伴他度过长夜？唯有那瑟瑟秋风与声声蝉鸣。

牢房的西墙外便是受案听讼的公堂，那里有数株古老的槐树。

那些生机勃勃的古槐，让他想到了两个人，一个是殷仲文，一个是周召伯。

东晋时期，桓玄起兵谋反，殷仲文前去投靠桓玄。兵败后，殷仲文上表请罪，虽得到皇帝谅解，却从此不得志。殷仲文的府门前有一棵老槐树，他对树感叹："此树婆娑，无复生意！"

西周时期，召伯多次于甘棠树下审理案件，深得民心。

骆宾王在诗序中写道："虽生意可知，同殷仲文之古树；而听讼斯在，即周召伯之甘棠。"

如今，他仕途失意，恰如殷仲文，而身陷囹圄的他，又期盼着断案之人如周召伯般明察秋毫。

每当傍晚，夕阳西斜，秋蝉便开始鸣叫，其音既轻幽，又凄切。

这般悲凉之声，他似乎从未听过，不禁疑惑：到底是心情异于往昔，还是虫鸣悲于前听？

蝉，其身洁，秉承君子之德，蜕皮之后，又有羽化登仙之灵姿。

蝉，如此聪慧，懂得等待时令而来，遵循自然规律，适应季节之变，洞察隐藏与活动的时机。

蝉目常开，不因道路昏暗而不明其视；有翼能高飞，却自甘淡泊，不因世俗浑浊而改变。蝉于乔树之上临风而吟，姿态声韵，乃是上天恩赐；于深秋之时饮下坠露，洁身自好，恐为人所知。

那只鸣叫的蝉，不正是诗人自己吗？

他处境艰难，因于牢狱，便是心中不生哀伤，也时时泛着愁怨，像是深秋中的一片树叶，未曾凋零，便已衰败。

此刻，听着蝉鸣之声，想到平反的奏章已经上报，他本该安心，但是，忽见螳螂欲捕蝉影，又忧心危机尚在，思绪不宁，感慨良多，便写下一首小诗，送给诸位知己。

只愿，那些读懂之人，哀其渺小，知其飘零，怜其寂寞。

这首诗，以蝉喻己，顾影自怜。狱外，是高洁的蝉；狱内，是失意的人，彼此相伴，于短暂的相遇中，寻求生命的希冀。

> 西陆蝉声唱，南冠客思侵。
>
> 那堪玄鬓影，来对白头吟。
>
> 露重飞难进，风多响易沉。
>
> 无人信高洁，谁为表予心。

西墙之外，秋蝉不停地鸣唱，闻之惊心，作为囚徒的诗人，不由生出阵阵悲伤之情。

正是盛年，却双鬓斑白，如何忍受这般哀伤之吟？

秋寒露重，蝉儿也难以高飞，冷风萧瑟，轻易将它的鸣叫淹没。

无人相信蝉的高洁，正如无人相信他的清白。谁能为他表述心中的冤屈？

秋日短暂，终将逝去，蝉在告别着秋风，他在等待着昭雪。

直到蝉声消失，直到冰冻三尺，他也未曾等到一个结果。

次年，也就是仪凤四年（679），唐高宗改年号为"调露"，大赦天下，他"遇赦得释"。

光宅元年（684），武则天废中宗自立。九月，徐敬业于扬州起兵造反，骆宾王亲自起草《为徐敬业讨武曌檄》：

伪临朝武氏者，性非和顺，地实寒微。昔充太宗下陈，曾以更衣入侍。洎乎晚节，秽乱春宫。潜隐先帝之私，阴图后房之嬖。入门见嫉，蛾眉不肯让人；掩袖工谗，狐媚偏能惑主。践元后于翚翟，陷吾君于聚麀。加以虺蜴为心，豺狼成性，近狎邪僻，残害忠良，杀姊屠兄，弑君鸩母。人神之所同嫉，天地之所不容。犹复包藏祸心，窥窃神器。君之爱子，幽之于别宫；贼之宗盟，委之以重任。呜呼！霍子孟之不作，朱虚侯之已亡。燕啄皇孙，知汉祚之将尽；龙漦帝后，识夏庭之遽衰。

敬业，皇唐旧臣，公侯冢子。奉先君之成业，荷本朝之厚恩。宋微子之兴悲，良有以也；袁君山之流涕，岂徒然哉！是用气愤风云，志安社稷。因天下之失望，顺宇内之推心，爰举义旗，以清妖孽。南连百越，北尽三河，铁骑成群，玉轴相接。海陵红粟，仓储之积靡穷；江浦黄旗，匡复之功何远？班声动而北风起，剑气冲而南斗平。暗呜则山岳崩颓，叱咤则风云变色。以此制敌，何敌不摧；以此图功，何功不克！

公等或居汉地，或叶周亲，或膺重寄于话言，或受顾命于宣室。言犹在耳，忠岂忘心？一抔之土未干，六尺之孤何托？倘能转祸为福，送往事居，共立勤王之勋，无废大君之命，凡诸爵赏，同指山河。若其眷恋穷城，徘徊歧路，坐昧先几之兆，必贻后至之诛。请看今日之域中，竟是谁家之天下！

这篇檄文，列武后之数罪，气盛辞断，确有鼓动之用。武则天读后，也感叹道："宰相安得失此人？"

那一刻，武则天看见的不仅是一篇檄文，还是文字背后的悲愤。所谓人心，失去了便是失去了，唯有遗憾罢了！

十一月，徐敬业兵败被杀，骆宾王下落不明。据《新唐书》本传记载他"亡命不知所之"。

或许，他惨死于乱兵之中；或许，他漂泊于山河之间。我希望是后者。他的余生，应如蝉般展开双翼，独立潇潇风雨，等待如愿的晴天。

谁又不是一只小小的蝉呢？

蝉，于泥土中蛰伏十七年，只为鸣叫一个夏天。生命的意义究竟是什么？是为了在有生之年，成为自己的光，或是负重前行，或是潇洒自由，或是肆意飞扬，像蝉一样，以渺小的身躯，吟唱生命的乐章。

人生短暂，你如何舍得让它寂静？你该热烈，该长歌，便是未见山海，也要心怀天地。

归来已是
红尘客

回乡偶书（其一）

贺知章

少小离家老大回，乡音无改鬓毛衰[1]。

儿童相见不相识[2]，笑问客从何处来。

---

1 衰（cuī）：稀疏，减少。
2 相见：即看见我。相：副词，表示一方对另一方的动作。

天宝三载（744），注定不平凡。

许多故事，在这一年结束；许多故事，从这一年开始。

这一年，王忠嗣对突厥发起猛攻，激战数月，突厥乌苏米施可汗战败被杀，传首京师。

这一年，安禄山升任范阳节度使、河北采访使，仍兼任平卢节度使。此时，众人对他的评价还是"忠诚"。

这一年，天子纳太真于宫中。太真，便是杨玉环。

这一年，李白被天子"赐金放还"。

这一年，一个重要的人即将离开长安。

贺知章，已八十六岁高龄，年迈之臣，终要归去。

据《册府元龟》记载，贺知章"因病恍惚"，一日，梦见自己到了三清居住的地方，直到三天后才醒来。醒后，他自认大限将至，于是，"上疏请度为道士，求还乡里"。

那日，天子赐诗，太子率百官饯送。

送贺知章归四明

李隆基

遗荣期入道，辞老竟抽簪。

岂不惜贤达，其如高尚心。

寰中得秘要，方外散幽襟。

独有青门饯，群僚怅别深。

这首诗是帝王为他而作。君臣相处多年，都俞吁咈，宛如昨日。长安固然美好，却留不住贺知章归乡之心。

这一别，今生便再难相见。

离去时，回望长安，多少往事浮心间！

贺知章三十多岁离家，于证圣元年（695）中乙未科状元，初授国子四门博士，后迁太常博士，又入丽正殿修书，未成，转官太常少卿。开元十三年（725）为礼部侍郎、集贤院学士，后调任太子右庶子、侍读、工部侍郎。开元二十六年（738），改官太子宾客、银青光禄大夫兼正授秘书监，故人称"贺监"。

这位贺监，初见李白，高呼："谪仙人！"

这位贺监，与李白饮酒，解下金龟作酒钱。

这位贺监，在长安五十载，实现毕生之愿，见证开元盛世，无悔，亦无憾。

越州，永兴（今浙江杭州萧山）。

这是贺知章的故乡。

微风和煦，草木蔓生，老者走下马车，缓缓前行，许是离乡太久，他竟像一个客人。

年少时离乡，年老时方归，乡音未改，鬓毛已疏。

家乡的儿童见了他，没有一人认识，只是纷纷笑着询问："老人家，您从哪里来？"

孩子天真无邪，他们的淡淡一问，却成了诗人心底的伤。

于是，他写下两首《回乡偶书》。

其　一

少小离家老大回，乡音无改鬓毛衰。

儿童相见不相识，笑问客从何处来。

其　二

离别家乡岁月多，近来人事半消磨。

惟有门前镜湖水，春风不改旧时波。

其实，第二首的感情更为深刻，久客伤老，人事无常。

离别家乡的岁月已很久，回家后，才深感人事变迁。

"近来人事半消磨"，他离去的这些年，故乡早已不是从前的故乡。或许，故人已不在人世；或许，亲朋又添了惆怅。总之，诸多人间事，不便细言，只能一笔带过。

那么，还有什么未曾改变？

只有门前那镜湖的碧水，春风吹拂，波纹荡漾，依旧是记忆中的模样。

幸而，还有一湖碧水，相伴残年。

不久，贺知章于故乡病逝。

天宝三载，最后一件大事，便是贺监过世。

他是大唐最长寿的诗人，一生顺遂，一片赤诚，遇过花开，见过繁华，归来仍是少年心。

洛阳
丽人行

洛阳女儿行

王　维

洛阳女儿对门居，才可[1]颜容十五余。

良人玉勒乘骢马[2]，侍女金盘脍鲤鱼。

画阁朱楼尽相望，红桃绿柳垂檐向。

罗帏送上七香车，宝扇迎归九华帐。

狂夫[3]富贵在青春，意气骄奢剧[4]季伦。

自怜碧玉亲教舞，不惜珊瑚持与人。

春窗曙灭九微[5]火，九微片片飞花琐[6]。

戏罢曾无理[7]曲时，妆成只是熏香坐。

城中相识尽繁华，日夜经过赵李家[8]。

谁怜越女颜如玉，贫贱江头自浣纱。

1　才可：恰好。

2　玉勒：饰以美玉的马衔。骢（cōng）马：青白色的马。

3　狂夫：古代妇女对人称自己丈夫的谦词。李白《捣衣篇》："狂夫犹戍交河北。"

4　剧：甚，超过。

5　九微：即九微灯。《汉武帝内传》："汉武祈王母于宫中，燃九光九微之灯。"

6　片片：指灯花。花琐：指雕花的窗格。

7　曾无：从无。理：温习。

8　赵李家：指汉成帝的皇后赵飞燕和婕好李平，此处泛指贵戚之家。

那年，王维十六岁，居洛阳，他家对门住着一位女子，容颜秀美，芳龄十五六岁。后来，她嫁给一位身份尊贵的良人，朝夕之间，便成为枝上凤凰。

再相见时，她的良人身骑骏马，马具镶嵌着美玉。她的婢女手捧金盘，盘中盛着烹制的鲤鱼。

她所住的地方是"画阁朱楼"，"红桃绿柳"排列在屋檐之下。她出行的马车由罗帷遮护，仆从以宝扇遮其面，将她迎回九华帐中。

她的良人既富贵，又年少，骄奢胜过石季伦。

石崇，字季伦，西晋时期的大臣，修筑金谷园，园内，山青水碧，"花间构亭"，珠翠玉石，金碧辉煌，犹如天宫。

"自怜碧玉亲教舞"，这位良人亲自教心爱女子舞蹈，其宠爱程度，犹如当年的汝南王对碧玉。相传，汝南王之妾名为碧玉，孙绰有《碧玉歌》两首，其一为："碧玉小家女，不敢攀贵德。感郎千金意，惭无倾城色。"其二为："碧玉破瓜时，相为情颠倒。感郎不羞郎，回身就郎抱。"

"不惜珊瑚持与人"，家中名贵的珊瑚树随随便便就送给别人。此举也是效仿石崇。据《世说新语》记载，石崇与王恺争豪，王恺以高二

尺的珊瑚树向石崇夸耀，石崇看过，用铁如意将其击碎。王恺以为石崇嫉妒自己，便声色俱厉地指责石崇。石崇淡然道："不足恨，今还卿。"随即命侍从到家中拿出六七棵三四尺高的珊瑚树，个个光彩夺目。

他们彻夜寻欢，直到窗上映着曙光，才熄灭灯火。灯火碎屑，片片飘落。

那么，她每日都做什么呢？

大概就是嬉戏玩乐，妆成熏香，整日无所事事，享受闲光。

洛阳城中，凡是朱门大户，皆与之相识；日夜往来的，也是贵戚之家。这样的生活，让人如何不羡慕？

只是，有谁怜惜貌美如玉的越女，一生贫贱，只能在江头独自浣纱？

越女，是指西施，出生于越国，自幼随母浣纱江边，故又被称为"浣纱女"。未遇范蠡之前，她不过是一个贫贱女子。

那么，在唐代，究竟何为贫贱之女？她们的人生又如何呢？

唐朝末年，诗人秦韬玉以一首《贫女》给了世人答案。

贫女

秦韬玉

蓬门未识绮罗香，拟托良媒益自伤。

谁爱风流高格调，共怜时世俭梳妆。

敢将十指夸针巧，不把双眉斗画长。

苦恨年年压金线，为他人作嫁衣裳。

　　贫家之女，自幼粗布麻衣，从未穿过绫罗绸缎，便也不识绮罗之香。到了待嫁之年，想托良媒说亲，却又自卑不敢言，每生此念，便增伤感。

　　谁能爱她高尚的品格？世人只爱流行的俭妆。

　　她又那般清高，自言十指灵巧，针线精美，不愿与描眉之人争长论短。格调愈高，人缘愈寡，久而久之，便佳偶难觅，只能年年压线刺绣，不停地为别人做出嫁的衣裳。

　　那个时代，出身便决定了命运。有的女子，生来宛若神明，高高在上；有的女子，生来卑如草芥，低入尘埃。后者劳累一生达到的终点，可能也不及前者的起点。所以，后者该如何改变命运？唯有嫁人。

　　文人为得功名，尚且要攀附权贵，女子为求改命，嫁入富贵之家，有何可耻？两者本无区别，都是为自己谋一条平坦的道路。

　　王维写下这首《洛阳女儿行》时，已将官场规则看得透彻：出身寒门，若想于庙堂争得一席之地，唯有依附强者。所谓强者，便是长安城中的权贵。

　　相传，王维曾是岐王宅里的常客，将要应举之时，求岐王庇借。岐王便让王维穿上华美衣衫，带着一把琵琶，扮作伶人，来到玉真公主府邸。

　　玉真公主见到王维，忙问岐王："这是何人？"

　　岐王答："知音。"

　　这时，王维轻弹琵琶，其调哀婉，满座动容。

玉真公主问："这是何曲？"

王维起身答："此曲乃是《郁轮袍》。"

岐王道："此生非止音律，至于词学，无出其右。"

玉真公主更为惊讶，又问王维："可有写就之文？"

王维立即从怀中拿出诗卷，玉真公主览读后，惊骇道："这些皆是我素日所诵之诗，本以为是古人佳作，原来竟是你所写。"

王维因此得玉真公主举荐，一举高中，从此踏上仕途。

这个故事出自《集异记》，内容或有杜撰。不过，王维在骊山行宫伴驾时，确实曾为奸相李林甫作诗，极力奉承。

和仆射晋公扈从温汤

天子幸新丰，旌旗渭水东。

寒山天仗外，温谷幔城中。

奠玉群仙座，焚香太乙宫。

出游逢牧马，罢猎见非熊。

上宰无为化，明时太古同。

灵芝三秀紫，陈粟万箱红。

王礼尊儒教，天兵小战功。

谋犹归哲匠，词赋属文宗。

司谏方无阙，陈诗且未工。

长吟吉甫颂，朝夕仰清风。

成年人都有两面：一面为梦想而高歌，一面为生计而苟活。经历的事情越多，越理解他的无可奈何。若生来便是皇亲贵胄，谁又愿意弯下脊梁？

你要相信，天道酬勤；你也要相信，事与愿违。当你决定做一件事情时，便要知道，成功与否，并非由你而定。你唯一能做的便是尽力而为，用尽一切力气，抓住一丝机会，如此，哪怕结果不尽如人意，也至少不会痛恨曾经的自己。

如果无所求，无所欲，那自然可以随性而活，但若有一丝想法，便无法淡泊名利……

归去人间
烟火中

山居秋暝 [1]

王　维

空山新 [2] 雨后，天气晚来秋。

明月松间照，清泉石上流。

竹喧 [3] 归浣女，莲动下渔舟。

随意春芳歇 [4]，王孙自可留 [5]。

1　暝（míng）：日落，天色将晚。

2　新：刚刚。

3　竹喧：竹林中笑语喧哗。

4　随意：任凭。歇：消散，逝去。

5　王孙：原指贵族子弟，后泛指隐居之人。此处为诗人自指。淮南小山《招隐士》："王孙兮归来，山中兮不可久留。"留：居。

山水之间，幽篁深处，一个人，一张琴，一卷经，无所求，无所欲，万念皆寂。那一刻，心中可容天地，天地自在心中。

这便是王维的隐居生活，是羡煞世人的世外闲情。

天宝九载（750），春，王维的母亲过世，他为母守丧，离朝归隐。

归隐，并非消极厌世，仅仅是世人的一种选择而已。有人贪恋声色犬马，便选择纸醉金迷；有人甘愿蝇营狗苟，便选择同流合污；有人追求怀瑾握瑜，便选择独善其身。世人万般模样，便有万般选择。这选择，是欲望，是无奈，是取舍。

辋川庄，是王维的隐居之地，有山有泉，有林有谷。只有在这里，他的内心才能得到平静，才能找回自己。

那年秋，一场雨后，他望着清泉，轻声吟诵："空山新雨后，天气晚来秋。明月松间照，清泉石上流。竹喧归浣女，莲动下渔舟。随意春芳歇，王孙自可留。"

这是山水名篇。

山谷之中，落了一场新雨，雨后，空气中有一种淡淡的清新味道，混着泥土味，混着青草味，彼此交融，飘散而去。那雨的味道，就在一呼一吸之间，这是人类离自然最近的时刻。

初秋的傍晚，如此凉爽，如此安静。

明月当空，映照着幽静的松林；山泉清冽，缓缓流到山石之上。此景，宛若一幅山水画。

忽然，竹林间传来一阵喧闹声，那是少女洗衣归来，追逐玩闹，欢声笑语。那笑声划破了秋夜的宁静，为秋夜添了一丝美好。这时，莲叶微微晃动，只见轻舟穿过荷花，顺流而下，漂向远方。

春光有何留恋？春光短暂，秋景更佳。任凭春日芳草凋落，诗人只为秋日而留。

喜爱秋日之人，大都喜爱寂静，苍茫大地，孤身一人，感受的不是孤独，而是超然。

那日，他还写下了另外一首诗。

积雨辋川庄作

积雨空林烟火迟，蒸藜炊黍饷东菑。

漠漠水田飞白鹭，阴阴夏木啭黄鹂。

山中习静观朝槿，松下清斋折露葵。

野老与人争席罢，海鸥何事更相疑。

那场雨一定落了许久，绵绵细雨，将山林的天空晕染成黛青色；尘世烟雨，似要洗尽人间的尘埃。雨后的辋川庄，芳草萋萋，门掩落红，诗人虽是天涯客，却也无惧山中寂寥。

他推开屋门，只望见疏林村落升起袅袅炊烟。因连雨时节，山林润湿，故而烟火缓升。这一幕，正是"积雨空林烟火迟"，雨后空林，烟火人家，处处静谧，也处处温情。

为何家家户户升起炊烟？只因"蒸藜炊黍饷东菑"。诗中的"黍"是谷物名，古时为主食，"藜"则是植物，其嫩叶、新苗皆可食。这是古代最寻常的吃食。这些蒸煮好的粗茶淡饭，要送给东边田里耕耘的人。

远处，只见广阔无际的水田上，飞过一行白鹭；近处，只听枝繁叶茂的密林中，传来婉转的鸣叫声。"漠漠水田飞白鹭，阴阴夏木啭黄鹂。"这不仅仅是诗句，更是一幅山野之画。

他独居深山之中，观木槿朝开暮谢，知晓人生无常，早已厌倦了繁华喧嚣。如今，他于松下吃长斋、折葵菜，不沾一丝荤腥，不求半分名利。这是多少人苦苦寻觅的生活！只可惜，世人贪恋得太多，总有放不下的贪嗔痴恨，断不了的功名利禄，即便走进空山，也忍不了这般寡淡的生活。隐居，本就是一场清苦的修行。

回首前尘，他也会感叹一句："野老与人争席罢，海鸥何事更相疑。"

争席，出自《庄子·寓言》："其往也，舍者迎将其家，公执席，妻执巾栉，舍者避席，炀者避灶。其反也，舍者与之争席矣。"

意思是：杨朱从老子学道，刚到旅舍时，男主人为他安排座席，女主人侍候他盥洗，旅客见了他，皆让出座位；等到他要离开旅店时，客人们已经不再拘束，而是与他争席而坐了。

海鸥，出自《列子·黄帝篇》："海上之人有好沤（鸥）鸟者，每旦之海上，从沤鸟游，沤鸟之至者百住而不止。其父曰：'吾闻沤鸟皆从汝游，汝取来，吾玩之。'明日之海上，沤鸟舞而不下也。"

这个故事说的是，海上有人喜欢海鸥，故与之亲近，其父听闻此事，便要他把海鸥捉回家。次日，那人来到海边，海鸥飞在空中，一只也不下来。

王维借用这两个典故，表明自己已是一介村野老人，退出官场，与世无争，再也不用被人猜疑。于他而言，此处便是他的净土，他的解脱。

独坐幽林，弹琴赋诗，无人知晓他的踪影，唯有明月相照。

《旧唐书·王维传》记载："维兄弟俱奉佛，居常蔬食，不茹荤血，晚年长斋，不衣文彩。"

许是仕途过于压抑，许是官场过于黑暗，理想在现实中彻底破灭，化为虚无，他只能于废墟之上，寻出一条新的道路——隐居山林。

世人大抵都有过隐居之愿，只是，俗事绕缠，人情挂牵，让其与理想擦肩而过。其实，那理想并非遥遥千里。我们奔波于尘世，守得住初心，留得住良善，心如不改方向的孤星，志如永不坠落的白日，那么，何处不是净土，何处不自由？

从此不见

故人庄

过¹故人庄

孟浩然

故人具鸡黍²，邀我至田家。

绿树村边合³，青山郭外斜⁴。

开轩面场圃⁵，把酒话桑麻⁶。

待到重阳日，还来就菊花⁷。

---

1 过：拜访。

2 具：准备，置办。鸡黍：泛指农家待客的丰盛饭菜。黍：黄米。

3 合：环绕。

4 郭：外城，此处指城墙。斜：倾斜。

5 轩：窗户。场圃：打谷场和菜园。

6 把：拿起，端起。桑麻：桑树和麻，此处泛指庄稼、农事。

7 还（huán）：返，来。

襄阳城外，鹿门山，有一处小院，名为"涧南园"，孟浩然隐居于此多年。

　　春时，静听风雨，细数落花，随手挥笔，便是一首朗朗上口的小诗："春眠不觉晓，处处闻啼鸟。夜来风雨声，花落知多少。"

　　他有闲情，有才华，却偏偏选择隐居深山。

　　那日，孟浩然路过老友的田庄，老友远远地便望见了他，热情地邀他入田舍做客，并为他准备了丰盛的菜肴。

　　故人之庄，绿树环绕，青山横斜，推开木窗，可见稻场、菜园；举起酒杯，可聊农务、家常。

　　窗外，是幽静青山；窗内，是把酒言欢。这里，并非僻静，而是安逸，是满是烟火的人间，怡然自乐，畅所欲言。

　　临走之时，他还与故人约定："待到重阳日，还来就菊花。"

　　等到九九重阳节时，他一定来此处观赏菊花。

　　还会再来吗？

　　不会了。

　　那场秋日之约，他终究是失约了。

他有自己的梦，且从始至终，仅有一个，那便是功名。

那么，他为何又要隐于深山？

科举制度，是为选拔人才，任用官员。但是，科举并非唯一的途径，在唐代，若是闻名天下的特殊人才，便是没有参与科考，也可被破格任用。

《大唐新语·隐逸》记载：卢藏用考中进士，却未被安排官职，心生苦闷，便去了终南山隐居，等待朝堂征召。后来，他的名声果然传入公卿耳中，被朝廷召去重用。另一位隐士司马承祯亦被征召，却坚持不仕，欲归山。卢藏用与他分别时，指着终南山云："此中大有佳处，何必去远地！"司马承祯则讥讽道："依我之见，此山就是做官的捷径罢了。"

这便是"终南捷径"的典故。如此看来，孟浩然隐居田园，也并非淡泊明志，而是以退为进。

可惜，孟浩然空有才华，却少了运气，隐居多年，迟迟无人举荐。

寒冬之时，他的近邻张子容要前往长安应考。

张子容是孟浩然的生死之交，与其一同长大，一同苦读，一同隐居，如今，也要离开鹿门山，去往繁华的京城了。

送行时，孟浩然写下《送张子容进士赴举》："夕曛山照灭，送客出柴门。惆怅野中别，殷勤岐路言。茂林予偃息，乔木尔飞翻。无使谷风诮，须令友道存。"

那日，夕阳残照，草木纷飞，望着好友远去的身影，他想，或许自己也该离去了。

天地之广阔，大唐之繁荣，总有清风，总有际遇。

他辞别亲友，开始一场远行——何处有公卿，便到何处拜访。

望洞庭湖赠张丞相

八月湖水平，涵虚混太清。

气蒸云梦泽，波撼岳阳城。

欲济无舟楫，端居耻圣明。

坐观垂钓者，徒有羡鱼情。

这是一首干谒诗，借此抒发理想，欲得丞相赏识。八月的洞庭湖水，波涛汹涌，想要渡水，却无船只，闲居不仕，有愧天子。他坐在那里，静静地看着垂钓之人，只能空怀一片羡鱼之情。

"垂钓者"，指执政之人。"羡鱼情"，指钦羡之情。他有入仕之心，丞相却无举荐之心，此事便不了了之。没有结果，便是结果。

千里清秋，落日楼头，一片断鸿声里，唯有诗人的叹息。他的心中焉能不急？张子容已进士及第，而他却还是布衣。

可恨流年，误了青春，误了前程。

开元十三年（725），张子容被贬至永嘉为官，孟浩然听闻此事，立即赶赴永嘉。

自当年鹿门山一别，二人已有十三年未见。

永嘉上浦馆逢张八子容

逆旅相逢处，江村日暮时。

众山遥对酒，孤屿共题诗。

廨宇邻蛟室，人烟接岛夷。

乡园万余里，失路一相悲。

好友因何被贬？孟浩然没有问，张子容也没有提，官场之事，难以细言。

重逢之后，两人默默走在孤屿上，各怀悲凄。故园万余里，离乡之后，人生皆是逆旅。

那一刻，孟浩然对仕途产生了怀疑，不过，他并未多想，毕竟，已经为此奔波了半生，又如何甘心轻易放弃？

人就是这样，没有经历绝望，便心存希望。

这年除夕，孟浩然留在了张子容官邸。张灯结彩，爆竹声起，张子容拿出了亲酿的柏叶酒，他们一边对酌，一边叙旧。此夜之欢，不似少时，更胜少时。

一夜过后，众人皆醉。酣醉中，张子容听到一个声音："我想去长安了。"

最后，他还是选择了长安。

那座城，无论伤害过多少人，还是有人深深向往着……

又逢重阳，故人站在门前，端着菊花酒，似在等待友人。

东风尽，黄花落。

他知道，故人再也回不来了。

故园扉 余生还掩

留别王侍御维

孟浩然

寂寂竟何待¹，朝朝空自归²。

欲寻芳草³去，惜与故人违⁴。

当路谁相假⁵，知音世所稀。

只应守寂寞，还掩故园扉。

1　寂寂：落寞。竟何待：要等什么。
2　朝（zhāo）朝：天天，每天。空自：独自。
3　芳草：香草，此处暗喻隐逸生活。
4　违：分离，别离。
5　当路：身居要职的当权者。假：宽假，相助。

那一年，孟浩然人生第一次踏入长安。

京城，似乎没有想象中美好，不见炊烟起，唯见繁华多，虽有贵人过，却无人情暖。

长安早春

关戍惟东井，城池起北辰。

咸歌太平日，共乐建寅春。

雪尽青山树，冰开黑水滨。

草迎金埒马，花伴玉楼人。

鸿渐看无数，莺歌听欲频。

何当遂荣擢，归及柳条新。

长安城，开国立都对应着东井星宿，城池自北辰而起，向外延伸。百姓歌颂着太平盛世，共乐于早春时节，一片祥和安宁。

冬雪消融，寒冰化尽，草木迎春到，花香伴美人，鸿鸟无数，莺语频频。那一刻，孟浩然沉浸在春风中，似乎看到了希望。他甚至觉

得，科举登第后，若是顺利，还能看一眼家乡的春柳。

可惜，那年的春风不是为他而来。

有些地方，越是向往，越是失望。他走过长街，进过朱门，望过宫阙，见过公卿。看尽了长安百态，便也知晓了世间规则。果然，他落榜了，一切似在意料之中，便也不觉失落。

他迷茫地走在喧闹的街头，听着朱楼传来丝竹声，望着少年手中的纸鸢，不知去往何方。他已经四十岁了，若是放弃长安，便等于放弃了所有。

终究是，不甘心。他留在了长安，并且与王维结为忘年之交。

有一日，王维邀孟浩然入内署，忽逢玄宗至，孟浩然慌张不已，惊避床下，王维不敢隐瞒，如实禀告。

唐玄宗笑道："朕闻其人而未见也，何惧而匿？"

于是，玄宗命相见，并令其赋诗。

孟浩然竟吟道："北阙休上书，南山归蔽庐。不才明主弃，多病故人疏。白发催年老，青阳逼岁除。永怀愁不寐，松月夜窗虚。"

"不才明主弃"一句触怒了玄宗：这分明是在怨恨陛下不识人才。

玄宗听后，冷声道："卿不求仕，而朕未尝弃卿，奈何诬我！"

经此一事，孟浩然彻底失去了入仕的机会。

次年，孟浩然走了，离开了一生向往的长安城。

归去时，古道凄凉，忍别挚友，他写下《留别王侍御维》，既是离别之作，也是失意之作。

昔日，他曾在太学赋诗，名动公卿，"一座嗟伏"，无人敢言。如今，名落孙山，门前冷落，车马渐疏。

"寂寂竟何待，朝朝空自归。"一个落第之人，何人理睬，何人相伴？长安如此寂寥，又为何要久留呢？他只能归去，回到襄阳，那个无所忧虑的地方。

长亭外，王维问："日后，有何打算？"

孟浩然道："寻芳草而去。"

寻芳草，暗指归隐山林。既然无法前行至远方，便只能退回到原点。

只是可惜，他们将要分离。

诗人叹道："当路谁相假，知音世所稀。"

世间之人，真真假假，虚虚实实，有谁肯真心相助？唯有知音罢了！高山流水，知音难寻，此去，青山千里，望断归程，他又该信任谁？

他只想守着寂寞，紧掩柴门，与俗世远隔，了此一生。

看透了，也就放下了。

长安很好，可并不适合所有人。若青山不待，便赴沧海。我们生来便是自由的，不该被束缚，不该被剥离，只有放下俗世中的执念，才能回归自然。那时候，无论是行走，还是静坐，都与旁人无关。

如果前方已无路，不妨回身看看，或许，来时的路上，还有满是花开的驿站。

花间一壶酒

月下独酌（其一）

李　白

花间一壶酒，独酌无相亲[1]。

举杯邀明月，对影成三人。

月既[2]不解饮，影徒随我身。

暂伴月将[3]影，行乐须及春[4]。

我歌月徘徊，我舞影零乱。

醒时相交欢，醉后各分散。

永结无情游，相期邀云汉[5]。

1　无相亲：没有亲近的人。

2　既：已经。

3　将：与，共。

4　及春：趁着春光明媚之时。

5　相期：相约。云汉：银河，此处指天上的仙境。

明月，是诗人的知己。

月光知晓这世间所有的寂寞。

那夜，皎皎月光，碎了一地的霜。

那夜，李白厌倦了官场，千杯浊酒，解不了心中的伤。

那夜，他醉了，写下四首《月下独酌》，月下长安，一个人，醉一场。

"花间一壶酒，独酌无相亲。"这是浪漫的酒，也是孤独的酒。群芳盛开，诗人在花丛间摆下一壶美酒，无亲友相陪，只能独酌。

他举起酒杯，邀请明月共饮，低头一瞧，自己加上明月、影子正好是三人。

遗憾的是："月既不解饮，影徒随我身。"

那轮明月根本不懂饮酒，那抹影子只知跟随身体。明月不解酒，影子不自由，他只能暂时与它们为伴，趁此春光，及时行乐。

月光之下，他歌唱明月徘徊，起舞身影零乱。他醉了，唱着，跳着，尽情地享受着一个人的狂欢。这何尝不是一种孤独，哪里成三人？从始至终，不过是月光下，一个孤独的人，伴着孤独的影。

"醒时相交欢，醉后各分散。"醒时，共同欢乐；醉后，各奔东西。

他不舍那夜的月光，也不舍沉默的影子，故而与月、影相约："永结无情游，相期邈云汉。"

但愿，能永远尽情漫游，于茫茫星河中相见。

如果没有诗人，那不过是一个寻常的夜晚，也无喧嚣，也无寂静。

因为诗人，月不再是月，是白玉盘，是地上霜，是诗人经历困苦之后心中的孤独与感伤。

其　二

> 天若不爱酒，酒星不在天。
>
> 地若不爱酒，地应无酒泉。
>
> 天地既爱酒，爱酒不愧天。
>
> 已闻清比圣，复道浊如贤。
>
> 贤圣既已饮，何必求神仙。
>
> 三杯通大道，一斗合自然。
>
> 但得酒中趣，勿为醒者传。

这一首，是关于"爱酒"之论。

如果天不爱酒，酒星便不能列于苍穹。酒星，也称酒旗星。《晋书·天文志》记载："轩辕右角南三星曰酒旗，酒官之旗也，主飨宴饮食。"

如果地不爱酒，地上便不应有酒泉。酒泉，酒泉郡。相传此郡有泉，其味如酒，故名"酒泉"。

既然天地都爱酒，那"我"爱酒就无愧于天地。

曾听闻酒清比作圣，又听闻酒浊比作贤，既然圣贤都饮酒，"我"又何必再去求神仙呢？

酒中自有玄妙：三杯酒，可通儒家大道；一斗酒，可合道家自然。

"但得酒中趣，勿为醒者传。"唯有饮者，才能得到醉中之趣，此趣不可向醒者相传。

以上，都是诗人为爱酒寻找的借口。若常人嗜酒，自然无错；若臣子嗜酒，便是行事不稳。

杜甫在《饮中八仙歌》中写道："李白一斗诗百篇，长安市上酒家眠。天子呼来不上船，自称臣是酒中仙。"醉时，便是天子召见，也视若无睹，而是大喊一声："臣是酒中仙！"

《唐国史补》记载："李白在翰林多沉饮，玄宗令撰乐词，醉不可待，以水沃之，白稍能动，索笔一挥十数章，文不加点。后对御，引足令高力士脱靴，上命小阉排出之。"这就是"力士脱靴"的典故。

由此可见，因为饮酒，他得罪了多少人。可他天性如此，又岂能改之？

黑夜不能无月，诗人不可无酒。

其　三

三月咸阳城，千花昼如锦。

谁能春独愁，对此径须饮。

穷通与修短，造化夙所禀。

一樽齐死生，万事固难审。

醉后失天地，兀然就孤枕。

不知有吾身，此乐最为甚。

　　这首诗，写诗人的忧愁。正是暖春三月，繁花似锦。这样明媚的日子，本该乐游长安，可诗人却独坐月下，举杯感叹道："谁能春独愁，对此径须饮。"

　　春来独愁，对此美景，只知狂饮，以求解忧。

　　"穷通与修短，造化夙所禀。一樽齐死生，万事固难审。"贫富与寿命，本就是造化不同，各有天分。酒杯之中，生死无差别，何况世间万事，难有定论。

　　醉后，总要思考人生，从贫富贵贱，想到生死寿命，各有宿命，各有因果，谁又能知晓未来之事？命运，不由己；万事，不由心。

　　想着想着，他便醉得失去天地，头倒向孤枕。

　　"不知有吾身，此乐最为甚。"酣醉不知还有自己，这种快乐何处能寻？这种"乐"，并非真正的快乐，而是苦中作乐，醉中之乐。醉得不知天地，醉得忘却自我，然后，告诉自己："我很快乐。"

　　快乐吗？那是将灵魂撕扯，从碎片中努力寻求的一丝快乐。

其　四

穷愁千万端，美酒三百杯。

愁多酒虽少，酒倾愁不来。

所以知酒圣，酒酣心自开。

辞粟卧首阳，屡空饥颜回。

当代不乐饮，虚名安用哉。

蟹螯即金液，糟丘是蓬莱。

且须饮美酒，乘月醉高台。

愁，无穷无尽，千头万绪。幸有美酒三百杯，即使酒少愁多，随着美酒一倾，愁也一去不再回。

因此，诗人才知酒中圣贤，酒酣之时，心自开朗。

"辞粟卧首阳，屡空饥颜回。"耻于食粟，只能如伯夷、叔齐般隐居首阳山；贫困无财，颜回也要受饥。饮酒行乐是人间最为有趣之事，何必清高？不乐饮酒，要那虚名有何用？

"蟹螯即金液"，蟹螯，出自《晋书·毕卓传》："右手持酒杯，左手持蟹螯，拍浮酒船中，便足了一生矣。"

"糟丘是蓬莱"，《说苑·反质》载："纣为鹿台糟丘，酒池肉林，宫墙文画，雕琢刻镂。"

诗人引用这两个典故，并非要如他们般恣意于酒池肉林，而是想表达，饮于当下，及时享乐。

人生本就跌宕，与其忧愁，不如饮下美酒，乘着月色，于高台之上，大醉一场。

月照长安，有人孤独，有人彻悟。

少时的月光，是自由，是梦想；壮年的月光，是羁绊，是故乡；

暮年的月光，是归宿，是消亡。

此刻，月光为他而来。

明朝，他为月光而去。

他望着那轮月光，想着：该离去了……

行路难，
多歧路

行路难（其一）

李 白

金樽清酒斗十千，玉盘珍羞直¹万钱。

停杯投箸不能食，拔剑四顾心茫然。

欲渡黄河冰塞川，将登太行雪满山。

闲来垂钓碧溪上，忽复乘舟梦日边。

行路难！行路难！多歧路²，今安³在？

长风破浪⁴会有时，直挂云帆济⁵沧海。

---

1 羞：同"馐"，精美的食物。直：通"值"，价值。

2 歧路：岔道。歧：一作"岐"。

3 安：哪里。

4 长风破浪：《南史·宗悫传》载宗悫少时有"乘长风破万里浪"之志，此处比喻实现政治理想。

5 云帆：高高的船帆。济：渡。

天宝元年（742），李白奉诏入京。朝见天子那日，天子降辇步迎，并令李白供奉翰林。

此后，玄宗每有宴请，必命李白侍从。李白奉诏写下《宫中行乐词》《清平调》《白莲花开序》等名作。这些诗文，或是流传宫中，或是流传民间，一时间，长安城中，人人皆吟李白之诗。

若无权贵谗言，或许，他能在长安写一辈子的诗。可惜，他的才华、性情、风骨不能为官场所容，最终，天子疏远，同僚诋毁，他不得不选择离去。

天宝三载（744），暖春，繁花盛开，杨柳飘絮，李白上书请归，天子并未挽留，仅是"赐金放还"。

饯行宴上，满堂故交，一时感慨万千，遥想昔日无限风光，今朝一去，何处安身？何处寻梦？

长安，有他的长相思，有他的秋月明，他如何舍得离去？可惜，世道艰难，留下难，舍弃难，他怀着复杂的情绪，写下了三首《行路难》。第一首写世道艰难，抒发离愁别绪。

那是一场盛宴，金樽中的美酒，一斗价十千，玉盘里的菜肴，珍贵值万钱。

可是，面对着美味佳肴，他却心烦意乱，端起酒杯，又推开；拿起筷子，再放下。他只能离开座席，拔出佩剑，环顾四周，心绪茫然。

因何茫然？因为，人生之路，满是艰难险阻——欲渡黄河，却有冰塞河川；欲登太行，却有风雪封山。

也许，他可以像吕尚般闲来垂钓，得遇明君。

也许，他可以像伊尹般乘舟梦日，受商汤聘。

可惜，行路难，人生之路何等艰难，前路多歧途，他所求的正道究竟在何处？

尽管如此，他依旧坚信："长风破浪会有时，直挂云帆济沧海。"

有朝一日，他将乘长风，破万里浪，直挂云帆，横渡沧海，抵达心之彼岸。

此时，诗人是茫然的，又是清醒的，在仕途中迷失，却又无比渴望光芒，他相信总有那么一个地方，值得他前往。

其　二

大道如青天，我独不得出。

羞逐长安社中儿，赤鸡白狗赌梨栗。

弹剑作歌奏苦声，曳裾王门不称情。

淮阴市井笑韩信，汉朝公卿忌贾生。

君不见昔时燕家重郭隗，拥篲折节无嫌猜。

剧辛乐毅感恩分，输肝剖胆效英才。

昭王白骨萦蔓草，谁人更扫黄金台？

行路难，归去来！

大道如青天般广阔，唯独没有诗人的出路。

文人行走于天地之间，本就一身傲骨，李白不屑追随长安城中的纨绔子弟，沉迷于斗鸡走狗之类的赌博游戏，也不愿像冯谖那般弹剑作歌，屈服于权贵之门。

李白想要的是一种平等的关系，没有高低贵贱之分，平交王侯，以礼相待，而不是一味地取悦、依附、顺从。

长安给不了他这样的生活。京城，繁华迷人眼，那是无数人用欲望、奢靡、权力、贪婪堆砌的城池，纷纷扰扰，纸醉金迷。

那么，这些年，他在长安的经历如何？

他没有直接写，而是借用韩信、贾谊的典故，道出了所受的轻视。"淮阴市井笑韩信"，韩信不得志时，曾受市井之人的嘲笑和辱骂。"汉朝公卿忌贾生"，贾谊少有才名，汉文帝征召之，委以公卿之位。朝中有人忌妒其才，暗中诽谤贾谊专欲擅权，汉文帝听信谗言，将其贬为长沙王太傅。

今日的李白，恰如当年的韩信、贾谊。

君不见，昔时燕昭王重用郭隗，拥篲折节，礼贤下士，君臣之间，推心置腹，毫无猜忌。君不见，剧辛、乐毅感激知遇之恩，鞠躬尽瘁，报效君主。

这般理想的君臣关系，再也看不见了。不知从何时开始，君臣有了隔阂，有了猜疑，臣子的一片赤诚之心，终究是蒙上了尘埃。

诗人叹息道："昭王白骨萦蔓草，谁人更扫黄金台？"

可叹，而今燕昭王的尸骨已埋入荒草之中，何人洒扫黄金台？何人重用贤士？

行路难，归去来！

大道虽如青天，却寸步难移，唯有归去，去往烟火人间，去往山川河流，才能踏出一条平坦的路。

其　三

> 有耳莫洗颍川水，有口莫食首阳蕨。
>
> 含光混世贵无名，何用孤高比云月？
>
> 吾观自古贤达人，功成不退皆殒身。
>
> 子胥既弃吴江上，屈原终投湘水滨。
>
> 陆机雄才岂自保？李斯税驾苦不早。
>
> 华亭鹤唳讵可闻？上蔡苍鹰何足道？
>
> 君不见吴中张翰称达生，秋风忽忆江东行。
>
> 且乐生前一杯酒，何须身后千载名？

这首诗关乎诗人的处世哲学。未来，他将如何进退，如何选择？

"有耳莫洗颍川水"，莫要用颍川之水洗耳。这是"许由洗耳"的典故。相传，许由为尧时的隐士，尧欲将天下传给他。许由听后，认为污染了他的耳朵，便以颍川之水洗耳。

"有口莫食首阳蕨"，莫要隐居首阳采薇而食。据《史记·伯夷列传》记载，武王平殷后，伯夷、叔齐耻之，不食周粟，隐居于首阳山，采薇而食，直至饿死于首阳山。

李白认为，人活于世，贵在韬光养晦，为何以隐居清高自比云月？

自古以来，凡是贤达之人，功成之后不退者皆殒命，如伍子胥被弃吴江之上，屈原投湘水而亡。

西晋，陆机因受谗言陷害，被诛，临刑前叹曰："华亭鹤唳，可复闻乎！"

秦时，李斯专权，为赵高所陷，下狱。伏诛前，他顾其子曰："欲牵黄犬、臂苍鹰，出上蔡东门，逐狡兔，岂可得乎？"

如此雄才之人，也难自保。可见，世事险恶，人生无常。

也许，这才是诗人离京的真实原因。他知晓朝堂的规则，便不愿陷身激流之中，退，仅仅是为了自保。

他今日的选择，恰如当年的张翰。据《晋书·张翰传》记载，张翰因不愿卷入纷争，便借口见秋风起，思念家乡，辞官回到吴松江畔。

这般旷达之人，难道不令人羡慕吗？该进时进，该退时退，没有不舍，没有贪恋，如此洒脱之行为，古今又有多少人能做到？

最后，诗人举起酒杯，大笑道："且乐生前一杯酒，何须身后千载名？"

生时有一杯酒就应尽情欢乐，何须在意身后千载虚名？

当下才是最值得珍惜的。这一杯，敬自己；那一杯，敬天地。有了酒，便有了欢喜，何必去在意虚名？

红尘如梦，几许悲欢，几许惆怅，何必去问，何必去想，从始至终，他要的不过是杯中之酒，眼前之人。

多年以后，当他跋山涉水，将世间看遍，他终会庆幸，当年离开了困住他的长安。

长风万里，终将遇见花开之路。

人生得意
须尽欢

将进酒¹

李 白

君不见黄河之水天上来，奔流到海不复回。

君不见高堂明镜悲白发，朝如青丝暮成雪。

人生得意须尽欢，莫使金樽空对月。

天生我材必有用，千金散尽还复来。

烹羊宰牛且为乐，会须²一饮三百杯。

岑夫子，丹丘生³，将进酒，杯莫停。

与君歌一曲，请君为我倾耳听。

钟鼓馔玉不足贵，但愿长醉不复醒。

古来圣贤皆寂寞，惟有饮者留其名。

陈王昔时宴平乐，斗酒十千恣欢谑。

主人何为⁴言少钱，径须沽取⁵对君酌。

五花马、千金裘，呼儿将出⁶换美酒，与尔同销万古愁。

---

1 将（qiāng）进酒：乐府旧题，原是汉乐府短箫铙歌的曲调。将：请。

2 会须：应当，应该。

3 岑夫子：岑勋，南阳人。丹丘生：元丹丘，当时隐士。二人均为李白好友。

4 何为：为什么。

5 径须：干脆，只管。沽：通"酤"，此处指买。

6 将出：拿出，取出。

人生，总该痛痛快快地醉一场，将那烦恼抛却，将那自由寻回。

酒，是诗人的缘；醉，是诗人的愿。

诗人的笔下，酒被赋予了生命，于是，便有了千般饮酒，万般心绪，或是肝肠寸断，或是豪情万丈，或是豁达释然。

人生得意能几回？一诗一酒趁年华。

那夜，饮宴之时，李白挥笔写下这首诗。那一刻，人间悲欢，仕途名利，皆为尘土，他所求，不过是今宵一杯酒，长醉江湖间。

"君不见黄河之水天上来，奔流到海不复回。"诸君可曾看见，那黄河之水，犹如从天上倾泻而来，波涛奔腾，流入大海，从来都是一去不回。

"君不见高堂明镜悲白发，朝如青丝暮成雪。"诸君可曾看见，那高堂之上，面对明镜，悲叹鬓间白发，清晨还是青丝，到了傍晚却如白雪一般。

不复回的黄河水，喻时光易逝；暮成雪的发丝，喻人生苦短。红尘诸事，只在"朝"与"暮"之间，故而，得意之时，就应尽情欢喜，莫要让金杯无酒，独对明月。

人生短暂，谁知春光有几许？谁知欢笑能几时？不如及时行乐。

这般乐观的人生态度，今日已经不多见了。世人总是杞人忧天，常因未知的明日，而丢失美好的今日，又或是执着从前，而放弃当下，最后，独留一盏空樽，望月兴叹。

其实，李白的一生又何尝事事顺遂？天宝三载（744），他被排挤出京，"赐金放还"，也曾失意，也曾愤懑，却没有因此消沉，他游走在山河之间，于某个夜晚，手执酒杯，高声道："天生我材必有用，千金散尽还复来。"

每个人都有自己的价值和使命，便是千两黄金一挥而尽，也还能再得来。

诗人写"千金散尽"，绝非装腔作势之语，是他确曾有此豪举。他在《上安州裴长史书》中曾经写道："曩昔东游维扬，不逾一年，散金三十余万，有落魄公子，悉皆济之。此则是白之轻财好施也。"

如此轻财好施，想必此人骨子里便不是看重钱财之人。更何况，于大唐而言，他有着莫大的价值，因为他的诗篇，世人才看见了真正的盛世。

且看那夜的盛筵，烹羊、宰牛、三百杯，有酒有肉，不像是文人之宴，倒像是江湖儿女把酒言欢。

他甚至还劝酒："岑夫子，丹丘生，将进酒，杯莫停。"

他甚至还高歌："与君歌一曲，请君为我倾耳听。"

"钟鼓馔玉"算什么珍贵？只愿长醉，不愿清醒。爱酒之人，醉时，大抵都是如此。长醉，是一种理想的状态。唯有长醉，才能见到想见的人，才能说出想说的话，无所忌惮，无所畏惧。

有些人，醉了便是彻彻底底的醉。可诗人，尚还清醒，所以，才会写下"但愿长醉",以千杯之酒,入惆怅之心。

"古来圣贤皆寂寞,惟有饮者留其名。"诗人认为,自古以来,圣贤皆是孤独寂寞的,被世人所冷落,唯有饮者留下了美名。比如,陈王曹植设宴平乐观,留下"归来宴平乐,美酒斗十千"之句。

古来饮者繁多,为何偏偏提到曹植?

李白曾言:"曹植为建安之雄才,惟堪捧驾。天下豪俊,翕然趋风,白之不敏,窃慕高论。"

他对曹植推崇备至。曹植的《白马篇》,写的是捐躯赴难、骁勇善战的少年游侠。而李白的《白马篇》,写的是倜傥不群、疾恶如仇的"五陵豪"。对于"侠",两人皆有向往,皆有称颂;对于前程,两人亦有各自的傲骨与忧愤。

"主人何为言少钱,径须沽取对君酌。"为何忽然从"饮者"转到了"酒"?不妨想象一下这样的情景:一个醉酒的诗人,正滔滔不绝地讲着历史,说着情怀,宴席的主人忽道:"李兄,少喝点儿,再喝,酒钱便不够了。"

这句话,许是实话,许是玩笑。

李白闻言,回道:"何言少钱?只管买酒,一起痛饮!"

接着,他又口出豪言:"五花马、千金裘,呼儿将出换美酒。"

今夜,只想与你一醉方休,消除这万古忧愁。

他的愁,亦是天下文人之愁——怀才不遇。

只是,这万古忧愁如何能消?

古今多少愁,最终皆付笑谈中……

诗仙爱酒，是因酒能消愁，能给予自己片刻的喜乐。可是，终有一日，杯中之酒，再难消愁。

天宝十二载（753），秋日，李白客居宣州（今安徽宣城）之时，叔叔李云行至此。临别，李白与他共登谢朓楼，设宴送行，并写下《宣州谢朓楼饯别校书叔云》。诗云：

> 弃我去者，昨日之日不可留；
> 乱我心者，今日之日多烦忧。
> 长风万里送秋雁，对此可以酣高楼。
> 蓬莱文章建安骨，中间小谢又清发。
> 俱怀逸兴壮思飞，欲上青天揽明月。
> 抽刀断水水更流，举杯消愁愁更愁。
> 人生在世不称意，明朝散发弄扁舟。

诗的开篇写了"昨日之日"与"今日之日"，弃"我"而去的昨日，早已不可挽留；乱"我"心绪的今日，使人多生烦忧。这许许多多的"昨日"与"今日"，日积月累，成了苦闷，成了郁结。

朝政的腐败，诗人的境遇，让灵魂寻不到方向，可恨，生而不凡，却事事皆伤。

深秋，长风万里，送走秋雁，此时，正可以登上高楼，酣醉一场。

李云的文章颇有建安风骨，而李白的诗风也似谢朓般清丽，他们皆是满怀豪情之人，也曾欲上青天，手揽明月。

他们亦有忧愁，那愁绪如不尽的流水。抽刀断水，水只会更加汹涌；举杯消愁，愁只会更加浓烈。

诗人感叹着："人生在世不称意，明朝散发弄扁舟。"

人生在世，既然不能事事如意，那么不如披头散发，乘一叶扁舟而去。

可是，那时的他，漂泊在外，即便有一叶扁舟，也不知去往何方。回忆是枷锁，过往是牢笼，若难解此忧，那余生都将止步于此。

数年后，诗人因永王李璘案被流放，行至白帝城时，收到赦免的消息，随即乘舟东下江陵。归途中，他对着两岸青山，高呼："轻舟已过万重山。"

他终于乘着扁舟而去，穿过万重山，去往灿烂的前方。曾经所受的苦难，如今回首，皆已风轻云淡。

没有难行的路，没有困住的光，只要你想，只要你敢，你便能自由，你便是诗人。

此后，路漫漫，你所望见，皆是温柔与月光。

一片冰心

在玉壶

芙蓉楼[1]送辛渐（其一）

王昌龄

寒雨连江夜入吴，平明[2]送客楚山孤[3]。

洛阳亲友如相问，一片冰心在玉壶[4]。

---

1 芙蓉楼：原名西北楼，位于润州（今江苏镇江）西北。《元和郡县志》卷
　二十六："晋王恭为刺史，改创西南楼名万岁楼，西北楼名芙蓉楼。"

2 平明：清晨，天刚亮。

3 楚山：润州，春秋时属吴地，战国时属楚地，故称"楚山"，与上句"吴"互
　文。孤：独自，孤单。

4 此句用以表明自己的纯洁赤诚之心。鲍照《代白头吟》："直如朱丝绳，清如
　玉壶冰。"

天宝元年（742），年过四十的王昌龄依旧是个小小的江宁县丞。

他不够世故，不够圆滑，曾在诗中言："得罪由己招，本性易然诺。"他什么都知道，却什么都不愿改。

那年，挚友辛渐即将远行，他在江畔的芙蓉楼上送友远去，寂寂寒江，明月照心，他以此诗表明心迹。

芙蓉楼，原名西北楼，登楼后，可俯瞰长江水，遥望江北貌。

秋冬季节，冷雨落了一夜，吴地江天，浸满凄冷。天亮之时，高楼送客，远望楚山，只觉得高耸入云，分外苍凉。

辛渐望着他苍老的面庞，忍不住问："你还是不辞归吗？"

他摇了摇头，固执地道："不。"

辛渐不解地道："那你以后要如何？一辈子待在这个荒凉之地？"

他沉默良久，道："人生须达命。"

这个人啊，还是那么不听劝。辛渐无可奈何地叹了口气，沉沉地道了一句："保重。"

王昌龄目送着辛渐走上船，船将离岸时，他高声道："洛阳亲友如相问，一片冰心在玉壶。"

若洛阳亲友问起他的事情，便告诉他们，他的心如玉壶里的冰一般纯洁，未受玷污，未染阴霾。

开元时期，宰相姚崇作《冰壶诫》，以表君子冰清玉洁、坚持操守的品质。

冰壶诫（并序）

姚　崇

冰壶者，清洁之至也，君子对之，示不忘乎清也。夫洞澈无瑕，澄空见底，当官明白者，有类是乎？故内怀冰清，外涵玉润，此君子冰壶之德也。

玉本无瑕，冰亦至洁，方圆相映，表里皆澈。喻彼贞廉，能守其节。凡今之人，就列称臣，当官以害剥为务，在上以财贿为亲。岂异夫象之有齿，以焚其身；鱼之贪饵，必曝其鳞？故君子让荣不忧，辞满为珍，以备其德，以全其真。与其浊富，宁比清贫？

吴隐酌泉，庞参致水，席皮洗愤，缊袍空里，虽清畏人知，而所知远矣。嗟尔在位，禄厚官尊，固当笃廉勤之节，塞贪竞之门。

冰壶是对，炯诫犹存，以此清白，遗其子孙。

"直如朱丝绳，清如玉壶冰。"这就是王昌龄此生的执着。他的经历与旁人不同，倘若他是英年入仕，或许能及时隐退，免去官场的种种阴谋诡计。可他久于贫贱，无家世与贵人，三十岁才进士及第，起起落落，屡遭贬官。他看不透大唐的官场，总以为，凭着一片冰心，便能仕途通达。哪知南北多歧路，昨日庙堂臣，今日惨遭祸，叹流年，都成虚度。

王昌龄任江宁丞共八年，五十一岁时又被贬为龙标尉。好友李白听闻此事，寄出诗文《闻王昌龄左迁龙标遥有此寄》："杨花落尽子规啼，闻道龙标过五溪。我寄愁心与明月，随君直到夜郎西。"

那个杨花落尽的时节，那个子规啼鸣的夜晚，听闻你又被贬谪了，我无法陪伴在你的身边，只能把忧愁寄给明月，希望它会随君逐月，直到夜郎以西。

千里共明月，明月照故里，繁华尽处，皆是风雨，君可知？君可记？

终究是不懂，终究要奔波，直到生命停止……

王昌龄的生命，永远地停在了六十岁。那年，他路经亳州，间丘晓因妒其才，将其残忍杀害。清清白白地来，清清白白地去，万事不由人做主，一心难与命相争。

何年何月，杨花落尽，子规又啼。

子规，子归，问君为何还不归去，若当年即归故里，也不会经此生死别离！

塞上白雪
送君去

白雪歌送武判官归京

岑 参

北风卷地白草折，胡天¹八月即飞雪。

忽如一夜春风来，千树万树梨花开²。

散入珠帘湿罗幕，狐裘不暖锦衾薄。

将军角弓不得控³，都护铁衣冷难着⁴。

瀚海阑干⁵百丈冰，愁云惨淡万里凝。

中军置酒饮归客⁶，胡琴琵琶与羌笛。

纷纷暮雪下辕门，风掣红旗冻不翻⁷。

轮台东门送君去，去时雪满天山路。

山回路转不见君，雪上空留马行处。

---

1 胡天：此处指塞北的气候。
2 此句比喻雪花堆积在树枝上，就像梨花盛开一样。
3 角弓：两端用兽角作装饰的硬弓。控：拉开。
4 都护：泛指镇守边关的长官，管理行政事务，与上句"将军"互文。着：穿。
5 瀚海：沙漠。阑干：纵横交错的样子。
6 归客：归京之人，指武判官。
7 此句意为红旗被冰雪冻住，风都吹不动了。掣：扯，拽。

岑参是真正去过边塞的大唐诗人。

他所走过的路，比其他诗人都远，一路向西，直到离天山最近的地方。

天宝十三载（754），岑参第二次出塞，充任北庭都护封常清的判官。

他赴北庭途经凉州时，许多老友在此迎送，众人举杯共饮，在这盛世的夜晚，欢聚无眠。

他们皆知，他这一路走来，何其不易！

岑参五岁读书，九岁作文章，二十岁入长安，献书阙下，但没有得到任用。之后十年间，他屡次奔走在长安、洛阳之间，直到天宝六载（747），才被授右内率府兵曹参军。而后，他跟随高仙芝出塞，远赴安西担任高仙芝幕府掌书记。可惜，天宝十载（751），高仙芝兵败还朝，岑参只能东归，于初秋到达长安。

在长安，他整整失意三年，如今，终于可以再赴边塞，焉能不为之欢喜！

凉州馆中与诸判官夜集

弯弯月出挂城头，城头月出照凉州。

凉州七里十万家，胡人半解弹琵琶。

琵琶一曲肠堪断，风萧萧兮夜漫漫。

河西幕中多故人，故人别来三五春。

花门楼前见秋草，岂能贫贱相看老。

一生大笑能几回，斗酒相逢须醉倒。

月儿弯弯，悬挂在凉州城头，月色皎洁，照亮了整个凉州。

这里是凉州城，方圆七里，住着约十万的人家，此处的胡人能歌善舞，半数懂得弹琵琶。听着熟悉的琵琶曲，令人肝肠欲断，只觉风声萧萧，长夜漫漫。

河西幕府，有诗人的诸多故友，自上次分别以来，也有三五年未见。如今，花门楼前，又见秋草丛生，岂能看着彼此在贫贱中老去？

他们应有一个美好的前路，各奔前程，各有辉煌。

人生一世，能有几回如此欢乐的时刻，今夜，便让相逢之人斗酒痛饮，不醉不休。

宴席之上，岑参的老朋友们都忍不住为他送去美好的祝愿，愿他此去，前途璀璨。

八月，岑参到达北庭，送前任判官武氏归京，雪中送别，别有一番感慨。

那日，天寒地冻，北风席卷着大地，吹折了白草，塞北八月，天空便已飘起了大雪。

这雪像什么？他将雪比作梨花，仿佛一夜之间，春风吹过草木，树上的梨花竞相绽放。其实，是塞北的风，带来了别有根芽的花。

清晨，雪花散入珠帘，沾湿了罗幕，身披狐裘不觉温暖，盖着棉被也嫌单薄。将军们的战弓冷得拉不开，铠甲也冻得穿不上。

走出营帐，只见草地上结着厚厚的冰，万里长空凝聚着惨淡愁云。

这样的天气，还是阻挡不了归客的脚步。或许，人们早已习惯了塞北苦寒，便也无惧小小风雪。

主帅帐中摆满了美酒佳肴，准备为武判官饯行。席上，有胡琴、琵琶、羌笛合奏，那声音既有塞北的幽怨，也有长安的温情。

傍晚，白雪纷纷，落在辕门前，众人走出营帐，望见鲜艳的旗帜立在寒风之中，丝毫未有动摇。

这一幕，激起了多少将士的热血，他们的坚韧犹如这面旗帜，屹立于边塞，不屈服，不后退。

轮台东门，送君归京，大雪已铺满了天山路，归客还是上了马，在众人的目光中，缓缓离去。山路曲折，已渐渐看不清他的身影，唯有雪上空留一串马蹄的印迹。

这次送别并非普通的送别，而是新任判官送别前任判官，一个留在塞北，一个归去长安。岑参想在塞北建功立业，而武判官则想回到日思夜想的长安，故而，送别之时，并无伤感之言，两人都在为各自的目标，为更宏大的事业，为更闪耀的盛世而努力前行。

一夜北风，关山正飞雪，烽火断无烟，总有人站在荒漠之上，戍守城池，黄沙百战。

落花时节又逢君

江南¹逢李龟年

杜 甫

岐王宅里寻常见²，崔九³堂前几度闻。

正是江南好风景，落花时节又逢君⁴。

---

1 江南：指长江、湘水一带。

2 岐王：李范，唐睿宗李旦第四子，唐玄宗李隆基之弟，本名李隆范，喜爱文
  学，好结纳文士。寻常：经常。

3 崔九：崔涤，宰相崔湜之弟，玄宗宠臣，常出入禁中。

4 君：指李龟年。杜甫少时"出游翰墨场"，常出入岐王、崔九宅第中，见过李
  龟年。

这是一个乐师的故事。

第一幕，发生在岐王府。

岐王，唐玄宗的弟弟李范，雅善音律。

开元盛世，万家灯火，歌舞升平，岐王府迎来一位客人——李龟年。

府中，高朋满座，衣香鬓影，他们才是这盛世真正的主人。

开宴后，乐工们拿着各自的乐器，奏响盛世之音。

乐声刚起，李龟年道："此乃秦音之慢板。"

过了一会儿，他又道："现在所奏是楚音的流水板。"

岐王素爱音律，见李龟年如此熟悉器乐，为表敬重，特赠以红绡等珍贵物品。

李龟年对这等俗物并不感兴趣，他径直掀开帷幕，将乐人沈妍手中的琵琶拿了过去，即兴弹奏一曲，满堂的宾客瞬间安静下来，倾听此曲，如闻仙乐。

曲终，众人拊掌称赞。

散席之时，李龟年与一位少年擦肩而过。那少年被人群挤到角落，频频回眸，似乎对他说了些什么，可人声嘈杂，相距颇远，他什么也没听清。

无奈，两人只能隔着人海，遥遥相望，深施一礼。

第二幕，发生在宫廷。

唐玄宗在洛阳做了一个梦，梦中，凌波池的龙女请求赐曲，玄宗以胡琴奏《凌波曲》，醒而记之，令乐工排练。

其实，宫中人人皆知，皇帝作曲，是为了博得美人一笑。美人便是贵妃杨玉环。

于是，众聚清元小殿，宁王吹玉笛，皇帝打羯鼓，贵妃弹琵琶，马仙期击方响，李龟年吹筚篥，张野狐弹箜篌，贺怀智拍板，谢阿蛮独舞。

那一日，是盛世最后的相聚，无论贵贱，皆为知音，自旦至午，欢洽异常。

李龟年沉浸在乐曲之中，那是属于他的世界，是纯粹的，是无瑕的。

除却音乐，他的人生再无其他！

这是一个诗人的故事。

杜甫，生于世代"奉儒守官"之家，少年时便有抱负，有期望。

那时候，他也时常出入一些王公贵臣的府邸，以宾客的身份，以文人的身份，隐于人海，渺小如尘。

直到，他听见了李龟年的琴声。

那位乐师拥有一双清澈的眼眸，没有复杂的利欲，没有迎合的态度，他的眼中唯有音乐。

少年静静地想，或许，他们可以成为知己。

怎奈，乐师的身边总是围着许多人，王孙贵胄，皇亲国戚，少年仅能隔着人海，遥遥相望，深施一礼。

数年后，他来到长安，想再见乐师一面，可是，乐师已入宫廷，再欲闻其琴声，已太难……

这是一个关于战乱的故事。

安禄山造反，大军几乎兵临城下。

天宝十五载（756）六月十三日，清晨，百官如往常一样入朝，到了宫门前，还能听见漏壶滴水之声，待到宫门打开，却看见宫内一片混乱，宫婢四处逃窜，满地的簪花翠翘……

"圣人在何处？"

"不知。"

"贵妃在何处？"

"不知。"

其实，那日黎明，皇帝便与贵妃、杨国忠、陈玄礼等亲信逃出宫苑。既是"逃"，又如何能让旁人知晓？

安史之乱，有红颜为君而绝，有白骨掩埋荒野，江山倾覆，遍地孤魂。乐工们不得不离开长安，各自逃亡，饱受煎熬，从此，夜晚再无笙歌，唯有鹃啼月冷。

那些人走走停停，宿于荒野，死于乱刀，失去了长安，便失去了荣耀。

这是一个关于相逢的故事。

战乱起，杜甫只能一路向南而去，漂泊到江南一带。

江南，寻常巷陌，青砖黛瓦，暖风吹过，落了一地的繁花。此处

离长安已太远太远，但是，至少这里还是一片宁静的土地，没有战火，没有杀戮。

他望见了熟悉的烟火，听见了久违的笑声，还遇见了曾经的故人。

那日，一条古老的小巷，不经意间的驻足，他看见了树荫下卖艺维生的乞者，一袭布衣，不染尘污，怀抱琵琶，轻抚琴弦，唱着《渭川曲》。

杜甫一眼便认出了此人——宫廷乐师、梨园大家李龟年。

他小心翼翼地唤着对方的名字。

李龟年微微抬头："你认得我？"

他道："曾有过数面之缘。"

李龟年细细地回忆着，开元盛世，他出入过无数门庭，见过无数权贵，繁华的旧梦中，并没有杜甫的身影。或许，数面之缘，仅是人海中的匆匆一见。他有些惭愧，叹道："老来诸事皆相忘。"

许多人，许多事，忘了也好。

杜甫留下一首《江南逢李龟年》："岐王宅里寻常见，崔九堂前几度闻。正是江南好风景，落花时节又逢君。"

当年，时常在岐王府遇见你的身影，也在崔九宅里听过你的琴声。如今，正是江南风景最美之时，落花时节，风光正好，竟能再次与你相遇。

这到底是初识，还是重逢？有些人，注定要相逢；有些事，注定要发生。只是，不该在落魄之时，不该在风雨之中，那一刻的对视，皆是狼狈。

昔日，是满眼春风；今时，是万事皆非。

飘零久，白发生，如此相遇，是该悲伤？是该欢喜？那是一种复杂的情绪，是浩劫后的凄凉，是乱世中的相惜。

也许该庆幸，他们都活了下来。活着，是为了等待安宁。

这是一个关于相思的故事。

一个人的相思，思长安，思亲眷，思故人。

江南，战乱已休，湘中采访使举办了一场宴会，红烛映朱颜，可怜朱颜老。

八年战乱，江山盛衰，这些被遗忘在江南的文人墨客，已不知何去何从。留下，是孤独；归去，是痛苦。

李龟年缓缓唱起那首《相思》："红豆生南国，春来发几枝？愿君多采撷，此物最相思。"

红豆啊红豆，生于南国，春来发枝，这是相思，来自南国的相思。

良久，他又唱了另一首《伊州歌》："清风明月苦相思，荡子从戎十载余。征人去日殷勤嘱，归雁来时数附书。"

长安，他是回不去了。

不知今生，是否还能等来皇帝南幸？

那夜，他唱着唱着，忽然晕倒。四日后，虽苏醒过来，却还是郁郁而终。

他知等不来故人，亦等不来花开。

昨夜梨园听曲，今宵天涯望断，唱不尽的兴亡，弹不尽的悲欢。冷冷清清，凄凄惨惨，转轴拨弦奏幽怨，人生若梦古难全。

芳华四月，桃花又开满了长安，那些盛世的故事，终成了染血的霓裳。

乱世
倾城舞

观公孙大娘弟子舞剑器行

杜 甫

昔有佳人公孙氏，一舞剑器动四方。

观者如山色沮丧，天地为之久低昂。

爦[1]如羿射九日落，矫如群帝骖龙翔。

来如雷霆收震怒，罢如江海凝清光。

绛唇珠袖两寂寞[2]，晚有弟子传芬芳。

临颍美人在白帝，妙舞此曲神扬扬。

与余问答既有以[3]，感时抚事增惋伤。

先帝侍女八千人，公孙剑器初第一。

五十年间似反掌，风尘澒洞昏王室。

梨园弟子散如烟，女乐余姿映寒日。

金粟堆前木已拱，瞿唐石城草萧瑟。

玳筵急管曲复终，乐极哀来月东出。

老夫不知其所往，足茧[4]荒山转愁疾。

---

1 爦（huò）：一作"霍"，闪烁的样子。

2 寂寞：无声无息。此句是说公孙大娘人与舞都亡逝了。

3 以：因由，原委。

4 茧：通"趼（jiǎn）"，指脚掌因长久摩擦而生的硬皮，此处用作动词。

开元五年（717），杜甫尚年幼，有幸于郾城（今河南郾城）观一位女子舞剑，英姿飒爽，光华夺目。

舞姿刚柔并济，时而似雷霆，时而似杨柳。

先是一曲剑器，再舞一曲浑脱，流畅飘逸，"独出冠时"。

杜甫问侍者："那是何人？"

侍者答："公孙大娘。"

公孙大娘，善舞剑器。开元初年，无论是宫内宜春、梨园二伎坊的弟子，还是宫外供奉的舞女，懂得剑舞之人，唯有公孙大娘一人而已。

少年凝望着那抹倩影，锦衣玉貌，矫若游龙，那一刻，他似乎望见了大唐的风华。

从此，他将这段记忆深深刻入心中，哪怕白发苍苍，也不舍忘却。

大历二年（767），十月十九日。

白帝城，杜甫于夔府（今重庆奉节）别驾元持宅里，望见一个熟悉的人影，一曲一舞，宛若公孙大娘当年。是公孙氏吗？不，如果她还活着，已经是古稀之年，如何还能舞剑？

那么，此人是谁？与公孙氏又是什么关系？

他问元持："这是何人？"

元持答："李十二娘，临颍人。"

一曲舞罢，杜甫走上前，问道："不知十二娘师从何人？"

李十二娘答："余公孙大娘弟子也。"

原来是她的弟子！

如今的杜甫，已经五十六岁，而这位李十二娘，亦非盛年。岁月无情，光阴如水，年少所遇的风华终将散去，曾经眼中有光的少年，转眼之间，已成白首老翁。

那个传奇女子，或已长辞人间。她的结局如何？也许，如李龟年一样，在战乱中流落江湖，又在某个凄冷的夜，孤独而终。

他想为她写一首诗，让世人知晓她的舞技，让后人记住她的风姿。

此诗名为《观公孙大娘弟子舞剑器行》。

"昔有佳人公孙氏，一舞剑器动四方。"昔年，有位窈窕佳人，名为公孙大娘，一支剑舞，名动四方。

在诗人的记忆中，观其舞者，人山人海，哪怕天地，也好像为之起伏震动。

那是怎样的倾城舞姿？剑光闪烁，如后羿射落九日；舞姿矫捷，如天神驾龙翱翔。起舞时，剑似雷霆万钧；舞罢时，静似江海波光。

那个女子，虽不是他的亲朋故友，却惊艳了他的年少时光。相传，吴州（今江苏苏州）人张旭，擅长草书，常于邺县（今河南安阳）见公孙大娘舞西河剑器，自此草书颇有长进，"豪荡感激"。

这一舞，是多少人的白月光。

可惜，曾经的"绛唇珠袖"都已逝去，幸而晚年尚有弟子继承其舞技。她的弟子也是一位美人，临颍李十二娘，随着此曲，翩然起舞，神采飞扬。

那日，两人谈论许久，一个问，一个答，皆是关于剑舞之事，抚今追昔，无限怅伤。

他回忆道："当年，先帝的侍女约有八千人，唯有公孙大娘，剑器舞姿当数第一。"

五十年的光阴，好似翻掌之快！

连年战火，尘土弥漫，那些年，天地皆昏暗！唐玄宗亲自挑选的数百梨园弟子，也在战乱中离散，只留李氏之姿，于冬日寒光的映照下，独自凄凉。

"金粟堆前木已拱"，玄宗已死了六年，那金粟山陵墓前的树木，都可以双手合抱了，而他这个旧臣，也流落到瞿塘峡白帝城，整日独对荒凉的秋草。

逝者入黄土，生者自苟活。无论是他，还是李氏，都像极了盛世的遗物，是经历者，是幸存者。

一曲玳弦琴瑟的歌舞，又一次终了。此时，窗外的明月已东出，乐极哀来，惶惶不安。

盛筵散，宾客归，李十二娘拜别了杜甫，去往下一个异地他乡。

杜甫站在门前，四顾茫茫，已不知去往何方。那布满老茧的双足，拖着一副病躯，艰难地行走于荒山之中，走得越远，心越惆怅。

见过繁华，遇过佳人，最终，又要接受这一切烟消云散，人生短短数十年，越是遗憾，越是不甘。

半生欢喜
半生愁

登 高

杜 甫

风急天高猿啸哀，渚清沙白鸟飞回[1]。

无边落木萧萧下[2]，不尽长江滚滚来。

万里悲秋常作客[3]，百年[4]多病独登台。

艰难苦恨繁霜鬓[5]，潦倒新停浊酒杯。

---

1 鸟飞回：鸟儿在风中飞舞盘旋。回：回旋。

2 落木：落叶。萧萧：风吹落叶的声音。

3 万里：指夔州与家乡相距甚远。作客：客居他乡。

4 百年：一生。此处借指晚年。

5 苦恨：极其遗憾。繁霜鬓：鬓边白发增多。

八月秋来，蝉鸣幽林，凉风过，落叶沙沙，那是属于秋的寂静。

杜甫《百忧集行》："庭前八月梨枣熟，一日上树能千回。"庭前，梨枣成熟，少年趁着无人之时，纵身一跃，敏捷地爬上树，摘取梨枣，慢悠悠地品尝着。暮色短，秋水凉，万里云霞，年少梦长。

这位少年，"往昔十四五，出游翰墨场"。

这位少年，"七龄思即壮，开口咏凤凰"。

这位少年，"性豪业嗜酒，嫉恶怀刚肠"。

他曾于郾城观公孙大娘舞剑，也曾在岐王旧宅听李龟年歌唱。十九岁，出游郇瑕（今山西临猗）；二十岁，漫游吴越。他去过许多地方，留下了许多诗篇，少年的梦里，是追风赶月，是万树花开。

望 岳

岱宗夫如何？齐鲁青未了。

造化钟神秀，阴阳割昏晓。

荡胸生层云，决眦入归鸟。

会当凌绝顶，一览众山小。

这是他二十五岁时创作的名诗，那时候，他的人生态度是积极的、乐观的，哪怕偶有挫折，也依旧蓬勃向上。那是属于青年人的朝气，傲视一切，勇攀高峰，于他而言，世间万事，唯有想与不想，得与不得。

那样的心态，多年以后，却再也寻不见了。

天宝六载（747），玄宗诏天下"通一艺者"入长安应试。杜甫来到长安，参加了考试，可惜，权相李林甫制造了一场"野无遗贤"的闹剧，让所有士子全部落榜。

所谓"野无遗贤"，就是李林甫对皇帝进言："天下贤士早已聚集长安，此次应试者皆是乡野粗人，不值一提。"

皇帝信以为真，却不知，错失了多少人才。

杜甫见科举无门，便转走权贵之门，虽投赠干谒，却均无结果。

无奈之下，他只能客居长安。这期间，他四处献赋，只为得到一个荐举入仕的机会，可惜，伯乐难遇，仕途失意。

数年后，杜甫终于被授予河西尉，但他不愿意任此官职，朝廷便将他改任右卫率府兵曹参军[1]，这是正八品下的官职，负责看守兵甲器杖、管理门禁锁钥。

这与他心中所想相差甚远，于是，他便写了一首自嘲诗《官定后戏赠》："不作河西尉，凄凉为折腰。老夫怕趋走，率府且逍遥。耽酒须微禄，狂歌托圣朝。故山归兴尽，回首向风飙。"

1　兵曹参军：一说为"胄曹参军"。——编者注

这一年，他已四十四岁，客居长安十年有余，为了生计，不得不接受无用之职。

这一年，他由长安往奉先县（今陕西蒲城）探望妻儿，刚入家门，忽闻哭声，原来是幼子被活活饿死了。

这一年，皇帝携贵妃往华清宫避寒。

这一年，安禄山举兵造反。

天宝十四载（755），"朱门酒肉臭，路有冻死骨"，盛世之下，是官宦看不见的饿殍，是百姓诉不尽的苦难。

从此，战乱不断，颠沛流离。

战乱，战乱，还是战乱。

所到之处，都是战乱。度过今夕，期盼明日；熬过酷暑，又忍严寒。家书久不达，不敢问生死，一路漂泊，一路老去，回首处，是旧日河山，是无情草木。

乱世，毁灭了一个王朝，成就了一位诗人。他写下的诗篇，是现实，是国难，字字是血，句句是泪。

后来，安史之乱结束，地方势力又乘时作乱。杜甫流落夔州，幸得都督柏茂林的照顾，能于此处暂住。

大历二年（767），又是一年秋，杜甫时在夔州，病痛缠身，步履蹒跚，可即使这样，他还是于九月重阳，独自登上夔州白帝城外的高台，望一望远方，念一念故人，或许，能抚平心中的哀痛。

登 高

风急天高猿啸哀，渚清沙白鸟飞回。

无边落木萧萧下，不尽长江滚滚来。

万里悲秋常作客，百年多病独登台。

艰难苦恨繁霜鬓，潦倒新停浊酒杯。

风急天高，猿声长啼，此景此情，尽在一个"哀"字，是秋风哀，是猿啸哀，也是人心哀。

远处，一片肃杀，水清沙白的河洲上，鸟儿正在盘旋，飞回巢中。他望着那只飞鸟，仿佛望见了从前的自己，盘旋着，徘徊着，只为找到栖身之所。可他又不如飞鸟，飞鸟尚且有枝可依，他却始终无缘归家。

天下如他一般的寒士还有许许多多，有的困于江湖，有的沦为乞者，甚至，几经辗转，潦倒终身，客死异乡。

杜甫是幸运的，至少，他还活着，还能看见夔州的秋天。

秋风过，无边无际的木叶萧萧而下，奔流不息的江水滚滚而来。

万里悲秋，常年漂泊；百年多病，独自登台。他是异乡之客，亦是人间之客，只有秋日与之相伴，与之悲伤。

半生艰难，半生抱憾，恨壮志未酬，恨繁霜满鬓。他一直在与命运抗争，直到时光流逝，直到满心衰颓，才知道，离梦想越来越远，离死亡越来越近。

他拿起酒杯，尝了一口苦涩的浊酒，轻咳两声，连呼吸都变得急促起来。

如今，病得太重，连酒都饮不得了。

他只能暂时放下酒杯，再次望向远方……

秋风袭来时，他也会想起年少时的那个秋天，那棵枣树，那个故人。

故人是谁？

是年少时的自己。

浮生一瓢酒

简卢陟

韦应物

可怜白雪曲[1]，未遇知音人。

恓惶[2]戎旅下，蹉跎淮海滨。

涧树含朝雨，山鸟哢[3]余春。

我有一瓢酒，可以慰风尘[4]。

1　白雪曲：古琴曲，此处指高雅的乐曲。

2　恓（xī）惶：惊慌烦恼的样子。

3　哢（lòng）：鸟鸣声。

4　风尘：行路的艰辛劳顿，亦暗指国家战乱、兵祸等。

半生荒唐，半生悔恨，这便是韦应物的一生。

他生于名门望族京兆韦氏，年少时为纨绔子弟，极爱繁华，"好华灯，好烟火，好梨园"，好美酒，厌烦之事却是读书。

少时，他豪纵不羁，横行乡里，无所忌惮，做尽了荒唐之事，沉迷于斗鸡走马，"家藏亡命儿。朝持樗蒲局，暮窃东邻姬。司隶不敢捕，立在白玉墀。"

天宝十载（751），韦应物年仅十五岁，就已是唐玄宗身边的近侍，出入宫闱，扈从游幸，站在离天子最近的地方，享受着莫名的自豪感。

那时的他，大字不识，一事不知，满眼都是长安的香车美人，又怎知江山欲倾，战乱将至？

安史之乱，断了少年的繁华梦，山河沦陷之时，韦氏一族所有的尊贵荡然无存。那年，玄宗逃离长安，韦应物失去官职，流落江湖，漂泊无依，半生荒唐皆成梦幻。

如今，梦终于醒了。茫茫天涯，身无分文，唯有妻子元苹不离不弃，生死相伴。他的妻子，是照亮他余生的光。这位出身名门的女子，既能诵读诗书，又喜玩习华墨，哪怕处于乱世之中，也从容立世，毫无怨言，并且不忘时刻提点他，指引他一步步走向正途。

数年后，韦应物洗心革面，痛改前非，一度在太学苦读。战乱后，他先为洛阳丞，后出任各地刺史，以今日的政绩，弥补年少的过错。

四十岁那年，爱妻元苹溘然长逝，韦应物含泪为其写下墓志铭，其中言："昧然其安，忽焉祸至，方将携手以偕老，不知中路之云诀。相视之际，奄无一言。"

她离去时，未留下一言。

他望着家中旧物，香奁粉囊，犹在原处，寒衾无主，玉炉香残，往后余生，只剩下红尘奔走的孤单。

那年，他独居异乡，为他的外甥卢陟寄去一首诗："可怜白雪曲，未遇知音人。恓惶戎旅下，蹉跎淮海滨。涧树含朝雨，山鸟哢余春。我有一瓢酒，可以慰风尘。"

他在红尘中弹奏着一曲《白雪》，曲高和寡，未遇知音。多年来，他因军事而烦躁不安，又蹉跎于淮海之滨。天下间有谁能懂他的孤独？如果曾经的他遇见了现在的他，是会怜悯，还是会嘲笑？

山涧之上，树木沾着清晨的露珠，山鸟在春光中悲鸣。回想昔年，太多的苦痛，太多的别离，他只能举起浊酒，故作释怀地道："我有一瓢酒，可以慰风尘。"

手执一瓢酒，以慰风尘苦。这一句，慰藉了多少迷茫者的灵魂。但是，诗人的心能得安慰吗？他手中的酒，三分是回忆，七分是悲苦，此生，来来去去，沉沉浮浮，终究是黄粱一梦。

大彻大悟之人，必是用情至深之人。

谁人不是过客！玉树花开，盛筵必散，那《红楼梦》中的《好了歌》唱出了多少古人的一生：

陋室空堂，当年笏满床！衰草枯杨，曾为歌舞场。蛛丝儿结满雕梁，绿纱今又糊在蓬窗上。说甚么脂正浓、粉正香，如何两鬓又成霜？昨日黄土陇头送白骨，今宵红灯帐底卧鸳鸯。金满箱，银满箱，展眼乞丐人皆谤。正叹他人命不长，那知自己归来丧！训有方，保不定日后作强梁。择膏粱，谁承望流落在烟花巷！因嫌纱帽小，致使锁枷扛；昨怜破袄寒，今嫌紫蟒长：乱烘烘你方唱罢我登场，反认他乡是故乡。甚荒唐，到头来都是为他人作嫁衣裳！

所以，到底该追求什么？

浮云流散，看尽枯荣，世人所求，不过是人世间的苦痛悲欢，再经千锤百炼，如此，才算圆满。

再回首，你我皆是曲中之人。

此恨绵绵无绝期

长恨歌[1]

白居易

汉皇[2]重色思倾国，御宇[3]多年求不得。

杨家有女初长成，养在深闺人未识。

天生丽质难自弃，一朝选在君王侧。[4]

回眸一笑百媚生，六宫粉黛无颜色[5]。

春寒赐浴华清池[6]，温泉水滑洗凝脂。

侍儿扶起娇无力，始是[7]新承恩泽时。

云鬓花颜金步摇，芙蓉帐暖度春宵。

春宵苦短日高起，从此君王不早朝。

承欢侍宴无闲暇，春从春游夜专夜。

后宫佳丽三千人，三千宠爱在一身。

---

1 《长恨歌》是白居易创作的一首长篇叙事诗，此处仅节选部分诗文。

2 汉皇：原指汉武帝刘彻，此处借指唐玄宗李隆基。

3 御宇：御临宇内，统治天下。

4 "杨家有女"四句所写并不符合事实，是白居易为唐玄宗隐讳。

5 颜色：姿色。

6 华清池：即华清宫，位于陕西省西安市临潼区骊山北麓。

7 始是：正是。

这个故事，世人称之为：凄美。

"长相思，在长安"，千般离恨，万般情长，江山、美人，终究是浮华梦一场。

这是帝王的爱情，亦是帝王的无情。

"汉皇重色思倾国"，汉皇，便是唐玄宗李隆基。帝王思美人，御宇多年，竟寻不到一位佳人。

杨家有女，名为玉环，养于深闺，少有人知晓她的容貌。开元二十三年（735）七月，唐玄宗之女咸宜公主于洛阳成婚，杨玉环应邀赴宴，倾城容貌，惊艳四座。咸宜公主的胞弟寿王李瑁[1]对杨玉环一见钟情，于是，李瑁之母武惠妃求唐玄宗赐婚，并册立玉环为寿王妃。婚后二人情投意合，如胶似漆。

两年后，武惠妃逝世，玄宗因此悲痛许久，直到有人进言："（杨玉环）姿质天挺，宜充掖廷。"

于是，帝王为得到美人，精心谋划了一场局。他先是以为窦太后

1　李瑁：旧作"李瑁"。寿王之女、阳城县主应玄墓志云："玄宗妃武氏，生寿王瑁。"可见，寿王的正确名字应为"李瑁"。——编者注

祈福为由，敕命杨氏出家为女道士，道号"太真"。接着，又将韦昭训之女许配给寿王，以此安抚寿王，等到祈福期满，便召杨玉环入宫，封为贵妃。

美丽，从来不是过错，却成了她的枷锁。美人天生丽质，一朝被选为妃，这是爱情，也是阴谋。她又能如何？她不过是一个女子，如浮萍般漂泊于世间，从一座牢笼走进另一座牢笼，命不由己，爱不由心。

入宫以后，她得到了帝王的专宠，回眸一笑，千娇百媚，六宫嫔妃，黯然失色。春寒之时，帝王赐她华清池沐浴，温泉水润，洗涤着她凝脂般的肌肤，侍女挽扶着她，她如出水芙蓉般娇柔无力。初蒙恩泽，鬓发如云，容貌似花，芙蓉帐暖卧鸳鸯，将那春宵一度，将那过往皆抛。

只恨，春宵苦短，日高而起，从此，君王沉迷，再不早朝。

"承欢侍宴无闲暇，春从春游夜专夜。"日日承欢，夜夜侍宴，无闲暇之时，春从春游，形影不离。

"后宫佳丽三千人，三千宠爱在一身。"这是何等恩宠！金屋妆成，长夜娇侍，玉楼宴罢，醉意和春。

清平调词三首

李　白

其　一

云想衣裳花想容，春风拂槛露华浓。

若非群玉山头见，会向瑶台月下逢。

其　二

一枝红艳露凝香，云雨巫山枉断肠。

借问汉宫谁得似，可怜飞燕倚新妆。

其　三

名花倾国两相欢，长得君王带笑看。

解释春风无限恨，沉香亭北倚阑干。

这是李白为她写下的诗，写于某一年的暖春。那日，她与玄宗在沉香亭中观赏牡丹，伶人以歌舞助兴，玄宗道："赏名花，对妃子，岂可用旧日乐词！"因此，李白奉诏入宫，于金花笺上作诗三首。这是杨玉环一生中最安逸的时光，也无风雨，也无忧愁，她以为自己拥有了他全部的爱，一声声唤着："三郎，三郎。"

"姊妹弟兄皆列土"，她的大姐被封为韩国夫人，三姐被封为虢国夫人，八姐被封为秦国夫人，每月各赠脂粉费十万钱。她的远房兄弟杨钊，出身市井，品行不端，却因杨氏得宠，平步青云，被册封卫国公，身兼四十余职，并得玄宗赐名"国忠"。

杨氏一门，何等风光，令天下父母，不重生男，而重生女。试问，谁不愿自己的女儿成为第二个"杨玉环"？

骊山华清宫，琼楼耸入云，清风过处，皆是仙乐，处处可闻。轻歌曼舞，丝竹管弦，君王终日观之，百看不厌。

那样的日子，终究走到了尽头。一场安史之乱，令繁华戛然而止，旦夕之间，山河破碎，百姓流离。

天宝十四载（755），安禄山于范阳起兵造反，战鼓如雷，惊破盛世。

从此，再无《霓裳羽衣曲》，再无"红尘妃子笑"。

九重宫阙，烟尘弥漫，四方土地，皆是战火。长安陷落之前，李隆基携杨贵妃仓皇而逃。

那护送帝王的队伍走走停停，西出长安百余里，于马嵬驿下哗变，六军不发，乱刀诛杀杨国忠，逼迫李隆基赐死杨贵妃。

他们将所有的过错归咎于一个女子，认为她是红颜祸水，战乱皆因她而起，不杀不足以安抚军心。

美人何错之有？美人本无罪，却是罪的起因。因为她，杨国忠一手遮天。

其实，她只是一个女子，她不懂政事，不慕权力，从始至终，她心中所求不过是天长地久。

此愿，从前的寿王给不了她，如今的帝王也给不了她。

那夜，是生与死的诀别。可惜，没有人知晓她最后说了什么，做了什么。或许，她会为求生而挣扎；或许，她会为帝王而赴死。总之，无人能替代她的恐惧、痛楚与绝望。

马嵬驿，佛堂的梨树下，一条白绫，缢杀贵妃。那一年，她才三十八岁。

三郎啊三郎，你终究成了她一世的伤。

她的花钿，落地无人收；她的翠翘，染尘无人拾。而她深爱的帝王，"掩面救不得"，"血泪相和流"，他掩面而泣，不忍回首，那般不舍，那般心痛，却还是未能救她。

也许，直到生命的尽头，她都在想：逼死一个女子，真的能换来太平吗？

历史给了她答案：虽换不来太平盛世，却换来了帝王无忧。

后来呢？后来的帝王如何了？

黄尘漫天，寒风萧索，朝朝暮暮，皆是相思。帝王先是逃到了蜀中，行宫望月而伤情，雨夜闻铃而断肠。安禄山被杀后，时局好转，李隆基重返长安，途中，路经马嵬驿，于旧地之上，触景生情，徘徊不前。

马嵬驿下荒冢中，不见玉颜，空留坟茔。君臣相顾，泪湿衣衫。那一路，他望着长安的方向，黯然神伤，信马而归。

归京以后，他不再是皇帝，而是太上皇。他不再过问政事，初居于兴庆宫，后居于太极宫，念念故人，忆忆往事。

池苑依旧，杨柳飘摇，芙蓉未改，那芙蓉像故人的面，那杨柳似故人的眉，此情此景，如何不垂泪？

春风袭来，桃李花开；秋雨梧桐，落叶凋零。春去秋来多少日？他已记不得，只记得，西宫南苑秋草生，落叶满阶无人扫，梨园弟子生了白发，椒房侍从红颜老去，物是人非，聚散离合，故人早已不是昔日的故人。

夜晚，殿中流萤飞舞，思念悄然而生，孤灯燃尽，仍未成眠。钟鼓迟迟，长夜漫漫，耿耿星河，曙光将至。这一夜，如此难熬，鸳鸯瓦冷，翡翠衾寒，谁能与他同眠？

悠悠生死，相隔经年，为何她的魂魄从不入梦？

是怨，还是恨？

他请来临邛道士，为贵妃招魂，可惜，天上地下，碧落黄泉，两处茫茫，皆寻不见故人芳魂。

历史上的李隆基，晚景凄凉，茕茕独处，于公元762年驾崩。

相传，他曾命人将贵妃的画像挂于别殿，朝夕视之，唏嘘不已。他的余生，一直活在无尽的愧疚之中，再也得不到安宁。

深情的是他，无情的亦是他，帝王之家，何其复杂。

白居易在诗中给了他另一个结局。

"忽闻海上有仙山"，忽然一日，他听闻海上有仙山，云雾缭绕，缥缥缈缈，那里的楼阁被云霞托起，那里的仙子数之不尽。

仙子之中有一个人，字太真，肌肤如雪，好似君王苦苦寻找的贵妃。

君王派遣使者前往仙府，太真听说汉家使者到来，立刻从帐中惊醒，云鬓半偏，花冠不整，便匆匆走出厅堂。

只见清风吹拂，仙袂缓缓飘动，犹似当年跳着霓裳羽衣舞的贵妃。

她的玉容浸着忧愁，潸然泪下，梨花带雨。她凝视着使者，道："一别音容两渺茫。"

自别以后，昭阳殿里的恩爱早已断绝，蓬莱宫中的日夜那么漫长，从仙境望人间，不见长安，唯见尘雾。

她已无法回到他的身边，便拿出当年的旧物——钿合金钗，将其分成两半，一半留给自己，另一半托使者带给君王。

但愿，情比金坚，天上人间总有相见之日。

临别之时，她又对使者说了许多话，那是只有君王与她知晓的誓言。

昔年，七月七日，长生殿中，夜半无人，他们曾一同起誓："在天愿作比翼鸟，在地愿为连理枝。"

如今，阴阳相隔，如何比翼双飞，如何结为连理？

所谓天长地久，总有尽头，可留下的遗憾，却永无绝期。

这是《长恨歌》的结局，没有隔阂，没有憎恨，她原谅了他，原谅了曾经缢杀自己的爱人。

甚至，她也会思念他，想念着曾经的海誓山盟。

所以，她的"恨"到底是什么？是恨未能天长地久，还是恨那人向现实低下了头？

此生，行行走走，从韶华到白首，留下的遗恨，何时才是尽头？

至死方休？

至死不休！

我曾去过华清宫，烈日炎炎，人群熙攘，望着贵妃曾经享用的"海棠汤"，耳边传来讲解员的声音："从唐玄宗封杨玉环为贵妃，到安史之乱爆发，贵妃自缢，皇帝专宠贵妃十一年。"

十一年！听到这个数字，只觉得无比心寒。他爱了十一年的女人，说杀便杀，那是一个鲜活的生命，是朝夕相伴的枕边人啊！

他爱她，但他更爱江山。

有时候，我不得不质疑爱情。因为，人类是感性的，人类也是自私的，先为人，再生情，情总是放在温饱之后，总是放在理想之外，故而，爱情注定不是生活的必需品。你道凉薄也好，你道无情也罢，这便是现实，你不得不接受的现实。

只是，我不懂的是，他已经是帝王了，为何就不能有第二种选择呢？

"谁道腰肢窈窕，折旋笑得君王。"相伴整整十一年，她仅仅得到了他的偏爱而已，而这偏爱，终将随着岁月而逝去。

骊山的风很凉，吹散了故人的梦，却不知，故人的梦中尽是风。

误妄百年身

井底引银瓶

白居易

序：止淫奔也

井底引银瓶，银瓶欲上丝绳绝。

石上磨玉簪，玉簪欲成中央折。

瓶沉簪折知奈何？似妾今朝与君别。

忆昔在家为女时，人言举动有殊姿。

婵娟两鬓秋蝉翼，宛转双蛾远山色。

笑随戏伴后园中，此时与君未相识。

妾弄青梅凭短墙，君骑白马傍垂杨。

墙头马上遥相顾，一见知君即断肠。

知君断肠共君语，君指南山松柏树。

感君松柏化为心，暗合双鬟逐君去。

到君家舍五六年，君家大人频有言。

聘则为妻奔是妾，不堪主祀奉蘋蘩。

终知君家不可住，其奈出门无去处。

岂无父母在高堂？亦有亲情满故乡。

潜来更不通消息，今日悲羞归不得。

为君一日恩，误妾百年身。

寄言痴小人家女，慎勿将身轻许人！

初见，是惊鸿一瞥。

结局，是兰因絮果。

这世间，并非没有真情，只是，"等闲变却故人心"，何谈岁岁年年？何必苦苦纠缠！

这是一段悲伤的故事。

故事的开始，是银瓶沉，是玉簪断。

"井底引银瓶，银瓶欲上丝绳绝。石上磨玉簪，玉簪欲成中央折。"有人用丝绳将银瓶从井底拉起，银瓶欲上之时，丝绳却突然断裂。有人在石头上磨玉簪，玉簪欲成之时，却从中央折断。

他们也曾努力地想要挽留，可银瓶还是沉了井，玉簪还是断成两半。瓶沉簪折，是爱情的无可奈何，像极了女子与郎君的离别。

今朝之结果，终究配不上当年的执着。

这是一个女子的回忆。

忆往昔，她还是闺秀之时，仪态万方，知书达礼，人人都言此女"举动有殊姿"。

一举一动，皆有与众不同的姿态。

她的发髻，如秋蝉之翼；双眉宛转，如远山之色。无论家世容颜，还是才华风采，她都是庸中佼佼。

那时候，她还可以自由自在地嬉戏。

那时候，她还没有遇见他。

那时候，她只是她，一个独立的女子。

直到，他出现了。开始总是美好的，而后，又分不清什么是最好。

暖春时节，她慵懒地倚着矮墙，玩弄着青梅树的枝叶，俄然低头，瞥见垂杨旁一位骑白马的郎君。

"墙头马上遥相顾，一见知君即断肠。"一个倚墙头，一个在马上，遥相对望，一瞬间，她便知道，这一生，为他疯魔，为他相思，为他断肠。

爱上一个人，凭着一种感觉。冥冥之中，似有一种力量，蛊惑着她靠近、迷恋、难舍。不见他时，思念难安；见到他时，腼腆无言。她是那般卑微，卑微到甘愿化为西南风，长逝于君怀。

女子对他倾诉着爱意，问他："君心何所似？"

他手指南山的松柏，深情地道："吾心似松柏。"

郎君啊，你的目光是那么坚定，你的语气是那么温柔，让我如何怀疑？你的话，我都信。

于是，女子结起双鬟，随君私奔而去。

月色淡淡，照着女子的容颜，她的眸中始终含着清澈的爱意，殊不知，一朝踏错，便误终身。从此以后，她再也不是良家女子，永远失去了为人正妻的资格。

转眼间，女子到情郎家中已有五六年，勤俭持家，贤良淑德，她如此努力地成为"贤妻"，却始终未得到男子家人的尊重。

每逢特殊的节日，他的父母便会告诉她："聘则为妻，私奔为妾，故而，你没有资格参与家族祭祀。"

所以，这几年的时光换来了什么？换来了无法愈合的伤。

这里已无她的容身之处，可是，她离开这里，又能去何处？

她也有父母高堂，只是当年决绝私奔，早已不与家人联络。如今，悲愤羞愧，她又有何面目回归故乡？

她落下了悔恨的泪，哭诉道："为君一日恩，误妾百年身。"

为了不过一天的姻缘，竟误了她一生的幸福。回首旧情，从相知到陌路，最后，一身伤痕。

她只想以自己的经历，告诫天下痴情女儿，千万不可将终身轻许他人。

那么，为何总有女子甘愿被骗？

在那个桎梏人类爱情的时代，女子还未被爱，便要爱他人，以女儿的身份，以妻子的身份，以母亲的身份，她们没有选择。从呱呱坠地的那一刻，她们便被当作"别人的人"教养着，即便有特殊者可以读书、识字、明礼，但最终的目的也不过是为了相夫教子。只因她们生而孤独，所以，经不住一丝丝的偏爱。男子的一句蜜语甜言，便足以哄得她们心甘情愿为之移山填海。

那是时代的悲哀，亦是女子的悲哀。

幸而，这样的悲哀越来越少了。

《礼记》："奔者为妾，父母国人皆贱之。"

私奔，付出代价的永远都是女子。

关于私奔，最经典的故事便是"卓文君夜奔司马相如"。

这是一段人们耳熟能详的故事，司马相如以一曲《凤求凰》，博得美人芳心，二人乘夜私奔。

关于这段所谓的"人间佳话"，苏轼有一番不同的见解，他在《东坡志林》中言："及卓氏为具，相如又称病不往。吉自往迎，相如观吉意欲与相如为率钱之会尔。而相如遂窃妻以逃，大可笑。其《谕蜀父老》云：以讽天子。以今观之，不独不能讽，殆几于劝矣。诌谀之意，死而不已，犹作《封禅书》。相如，真所谓小人也哉！"

苏轼认为，所谓的"文君夜奔"，其实就是"相如窃妻"。为何窃妻？为了敛财。

那场相逢，到底是美好的邂逅，还是刻意的安排？观者各有所感。我理解的是，真正的爱，绝不会让你背负流言，绝不会让你舍弃亲友。

爱，从来都不是自私的。爱是包容，是等待，是回应，是感恩。爱，永无止境。

地藏菩萨曾发愿，永度罪苦众生。

如今，度尽了吗？

红尘中人，爱而不得，得而背弃，弃而追悔，悔而生怨，历经多少劫难，背负多少罪名，只为于人海中寻得心安。

一曲琵琶诉平生

琵琶行[1]

白居易

浔阳江[2]头夜送客，枫叶荻花秋瑟瑟。

主人下马客在船，举酒欲饮无管弦。

醉不成欢惨将别，别时茫茫江浸月。

忽闻水上琵琶声，主人忘归客不发。

寻声暗问[3]弹者谁，琵琶声停欲语迟。

移船相近邀相见，添酒回灯[4]重开宴。

千呼万唤始出来，犹抱琵琶半遮面。

转轴拨弦三两声，未成曲调先有情。

弦弦掩抑声声思[5]，似诉平生不得志。

低眉信手续续弹[6]，说尽心中无限事。

---

1 《琵琶行》是白居易创作的一首长篇叙事诗，此处仅节选部分诗文。

2 浔阳江：长江流经江西省九江市北的一段，因九江古称"浔阳"，故又名"浔阳江"。

3 暗问：低声问。

4 回灯：指添油拨芯，使灯重新明亮。

5 掩抑：掩蔽，遏抑。思：悲伤的情思。

6 信手：随手。续续弹：连续弹奏。

元和十年（815），六月初三，长安街头，发生了一起震惊朝野的命案。

天色未明，晨鼓刚敲，大唐宰相武元衡即启门户，赴大明宫上朝，刚出靖安坊东门，忽然一支羽箭闪过，灯笼被射灭，刺客现身，明晃晃的利刃向宰相刺去，宰相当即毙命。同一时间，御史中丞裴度也遭到了刺杀，幸而，他仅是身受重伤，并未丧命。

至于刺客，乃是大唐藩镇势力所派。

武元衡、裴度等人乃是主战派大臣，对于意图反叛的藩镇势力，主张清剿，以绝后患。此举自是威胁到了各地割据势力，于是，成德节度使王承宗、淄青节度使李师道便密谋了这次刺杀行动。

案发后，朝中掌权者迟迟不处理此事，藩镇势力见此情形，愈发嚣张，竟提出罢免裴度，以安藩镇"反侧"之心。

白居易与武元衡既是同僚，又是挚友，事发后，他多次上表主张缉拿凶手，以肃法纪，却被认为有越职之嫌。而后，他又遭人诽谤：母亲观花坠井而亡，他却有"赏花"和"新井"等诗，被认为有伤孝道。于是，以此为由，被贬为江州（今江西九江）司马。其实，被贬的真实原因，无非是借诗讽喻，得罪了朝中权贵。

司马是刺史的副官，多用于贬官任职。

元和十年，白居易离开长安，于人生落寞时，踏上了一条遥远的长路。

昏鸦尽，夕阳残，从此，天涯倦客，再无意气风发。

次年秋，一个寻常的夜晚，几分萧瑟，几分凄凉，秋风过，枫叶、芦荻瑟瑟作响。浔阳江头，白居易于船上设宴，为客人饯行。众人举杯欲饮，却听见有人遗憾地叹息："此景此情，竟无管弦之声，可惜！可惜！"

虽有美酒，却饮得不痛快，更令人伤感的是，他们将要分别。

临别时，茫茫江水之中浸着一轮冷月，秋月本无情，见者多心伤。

忽然，江面传来一阵琵琶声，细品其音，铿铿锵锵，颇有京都之风。一时间，众人沉醉其中，白居易忘却了归家，客人也不愿动身。

白居易循着声音的方向，低声问："何人在弹琵琶？"

闻言，弹者似在犹豫，琵琶声停了许久，弹者迟迟不语。

于是，他们移船靠近，白居易忍不住询问："娘子可是长安人士？"

女子回答："我本是长安乐伎，曾跟随穆、曹两位琵琶名家学艺，后委身为商人妇，漂泊于此。"

白居易点点头，道："我也是从京城而来，任江州司马已有一年余，娘子，不知可愿相见，尽情弹奏几曲？"

未等女子回答，他便命下人添酒回灯，重新摆宴。

不知呼唤了多少声，诚邀了多少次，女子终于缓缓走出。

只见她怀抱琵琶，半遮面容。她的美，留给人遐想的余地，是藏于青山中的妩媚，是隐入月色里的恬静。

女子转紧琴轴，拨动琴弦（这个动作是在调弦试音），随手弹起的三两声，虽未成曲，却也有情。

终于，她开始弹奏曲子，弦弦凄楚，声声悲怆，似在诉说着女子不如意的一生。

低眉信手，续续弹奏，一曲一弦，说尽了心中无限的伤心事。

拢、捻、抹、挑，技艺娴熟，初弹《霓裳羽衣曲》，再弹《六幺》。《霓裳羽衣曲》是唐朝宫廷中的舞曲，《六幺》是当时流行的舞曲。

这两首曲子，对于白居易而言，既熟悉又陌生。他也曾在长安城中听过这两首曲子，不过，已经是很久很久以前的事情，久到他几乎忘却了当年的曲中之情。

而今，再听舞曲，已物是人非。

听！大弦嘈嘈，如暴风骤雨；小弦切切，如窃窃私语。嘈嘈切切的声音互相交错，如大大小小的珠子落在玉盘之上。

那声音，一会儿似黄鹂在花间婉转啼叫，一会儿又似泉水在冰下流动不畅。接着，弦声凝结，好似冰泉冷涩，凝结不通，声音渐渐中断。此时，四下寂静，似有一种别样的忧愁暗暗而生，无声，更胜有声。

突然，弦音又起，高昂之声似银瓶乍破，水浆四溅，铁骑金戈，刀枪齐鸣。一曲终了，拨子从弦中心划过，四弦一声，好像撕裂了布帛。

曲终良久，听者还沉浸在音乐之中，东船西舫皆悄声无言，唯独江心映着秋月白光。

一双纤纤玉手，可奏悠扬之曲，可奏雷霆之音，时而舒缓，时而急促，时而哀愁，时而清丽，似在倾诉着，似在叹息着。

听者的心中已经泛起许多疑惑：她到底经历了怎样的故事？

女子将拨片插入弦中，然后，慢慢起身，整理衣衫，正容端庄，目光望着众人，朱唇轻启，轻声讲起她的故事。

那是一段悲伤的过往，落满了尘埃，待到清风拂过，尘埃散去，只剩下道道伤痕。

她说，她本是京城负有盛名的歌女，住在长安城东南的虾蟆陵。

虾蟆陵，是长安城中一处繁华之地。唐代谢良辅曾在《忆长安》中写道："忆长安，腊月时，温泉彩仗新移。瑞气遥迎凤辇，日光先暖龙池。取酒虾蟆陵下，家家守岁传卮。"

她十三岁时就已学成琵琶，技艺高超，名字列在教坊第一队中。每曲弹罢，都令大师们叹服；每次妆成，都被歌伎们嫉妒。

作为红极一时的歌女，京城中的富家公子争着给她赏赐，一曲弹罢，不知得到多少彩绸。钿头银篦常因打节拍而断碎，红色罗裙常被美酒染污。这种欢声笑语、纸醉金迷的生活，日复一日，年复一年，秋去春来，美好的时光就这般白白消磨掉了。

直到众人散尽，"弟走从军阿姨死"，暮去朝来，她也在漫长的岁月中渐渐老去。

色衰，爱意迟。那些曾经的爱慕者不再登门听曲，她的门前渐渐冷落，客人稀少，再无当年的风光。

或许，这是每个教坊女子的宿命。随着年岁的增长，她也为自己谋得一条后路——嫁人。可是，她要嫁给什么样的人呢？若是青春貌美之时，或能有幸入侯门，可如今，年老色衰的她，该如何选择？

最后，她选择嫁给商人为妻。如此也好，至少是明媒正娶的妻，而不是妾。也许，初时，那位商人的确待她甚好，可日子久了，感情渐渐淡去，取而代之的便是疏远、敷衍。

生活褪去了华丽的外衣，剩下的只有赤裸裸的现实。商人重利，看淡了离别之事，常为谋财，离她而去。

上个月，他往浮梁买茶办货，留下她独守空船。深夜，月光绕船，她望向外面的江水，只觉得弥漫着彻骨的寒。

夜深，忽而梦见年少之事，梦中哭泣，泪痕纵横，妆与泪混在一起，濡湿了衾枕……

她的故事很短，却是她的半生。

白居易听完这个故事，只觉得如此熟悉，这一刻，没有人能懂得他复杂的情绪。

他听了琵琶，已叹息不止，再听了她的诉说，更加唏嘘。

一个贬谪的官员，一个年老的歌女，他们都曾经历过热烈的青春韶华，攀过顶峰，见过云端，然后骤然跌落，坠入深渊。可是，他们从未放弃过生活，尝过了苦难与冷暖，她依旧怀抱琵琶，他依旧执笔而书，纵然，她再也弹不出无忧的旋律，他再也写不出浪漫的诗篇。这是遗憾，也是必然。

正是"同是天涯沦落人，相逢何必曾相识"！

同是沦落天涯的可怜人，今日相逢何必去问是否曾经相识。

他也道出自己的过往："去年，我离开帝京，被贬浔阳，一直卧病居家。浔阳地僻，荒凉无乐，终年听不到丝竹之声。我住在溢江附近，那里低洼潮湿，宅院周围，尽是黄芦、苦竹。早晚能听见什么呢？皆是杜鹃啼血，猿猴哀鸣！每逢'春江花朝秋月夜'，往往也是取酒独饮。"

他已经许久未听见管弦之乐，那偶尔听见的山歌与村笛，嘶哑粗涩，实在难听。

幸而，今夜遇见了她。

他道："今夜，听君一曲，如闻仙乐，如若可以，请娘子莫要推辞，坐下再弹一曲。我愿为你作一首《琵琶行》。"

闻言，她感动不已，伫立良久，而后回身坐下，再次拨动琴弦。

此曲凄凄切切，不似之前弹奏的曲调，满座之人无不掩面而泣。若问座中谁的泪水最多？应是江州司马，泪湿青衫，无尽凄凉。

夜未央，江水寒，琵琶一曲诉断肠。

少年事，甚思量，回首萧瑟月如霜。

一场人生路，几度欢喜，几度浮沉，几度别离，几度悲凉，"眼看他起朱楼，眼看他宴宾客，眼看他楼塌了"！

偌大的人间，总有人走过相似的道路，历过相似的劫难。我们无从选择，我们无从逃避，只能在风雨中，继续前行。

我寄人间
雪满头

梦微之

白居易

夜来携手梦同游，晨起盈巾泪莫收。

漳浦老身三度病[1]，咸阳宿草[2]八回秋。

君埋泉下泥销骨，我寄[3]人间雪满头。

阿卫韩郎[4]相次去，夜台茫昧得知不？

1　此句以三国时期的刘桢卧病于漳河之滨自比。刘桢《赠五官中郎将四首·其二》："余婴沉痼疾，窜身清漳滨。"

2　宿草：指墓地上隔年的草，用为悼念亡友之辞。

3　寄：寄居。

4　阿卫韩郎：白居易自注："阿卫，微之小男。韩郎，微之爱婿。"不过，据白居易《元稹墓志铭》："生三女：曰小迎，未笄；道卫、道扶，龆齔。一子曰道护，三岁。"可见，阿卫即道卫，自注中之"小男"应为"小女"之误。

梦，是想念，是执着。

那夜，白居易做了一个梦，梦中，故人挑灯而来。

微之，是你吗？

微之，你可安好？

微之，你要去何处？

他呼唤着故人的名字，可故人却越走越远……

忽而，鸡鸣破晓，醒来，一切成空。暖阳透过窗棂，照在他的身旁，他怔怔地望着那缕光，那般明媚，那般温暖，这样美好的光芒，故人却再也看不见了。

故人离世，已经九年。

他含泪执笔，写下这首悼亡诗——《梦微之》。

微之，便是元稹，从相识之日起，白居易便这般唤他的名字，一唤就唤了数十年。

梦微之，诗人究竟梦到了什么？对此，他仅写了一句："夜来携手梦同游"。

梦中，二人携手同游，或是策马山河，或是月下对酌，或是畅谈古今，或是感慨时世，总有说不尽的话，金樽美酒，意气风发，似少年时，似初见时。

可是，夜终将尽，梦终将醒。

晨起，泪水濡湿了绢帕，止也止不住，一场梦，带来了久违的欢喜，以及锥心的悲痛。

此时，白居易已经六十九岁，居住在漳浦，几度患病。他也想念着长安，想着，这是微之离世的第九年，长安城的草木也于野火与春风中，烧了又烧，生了又生。草木依旧丛生，故人却已长逝。

自己一人活在这世间又有何意义？他长叹道："君埋泉下泥销骨，我寄人间雪满头。"

你深埋于黄泉之下，经黄土侵蚀，骨肉成泥；我暂居在尘世之间，经岁月摧残，两鬓成雪。逝者难安，生者难行，无论黄泉，还是人间，皆饱受着命运的折磨。

生时，尚能共进退；死后，何人伴清秋？而今，风烛残年，虽知时日无多，却要劳烦君于泉下等候。

"阿卫韩郎相次去"，阿卫是元稹的女儿，韩郎是元稹的女婿，他们都先后过世。一个年迈的老者，目睹晚辈们的离世，这是何等的悲痛！

黄泉渺茫，亡者可曾相遇？亡者可知人间事？

人间无君，何谈清欢！

他想说的是，我，想你了。

《唐才子传》记载："微之与白乐天最密，虽骨肉未至，爱慕之情，可欺金石，千里神交，若合符契，唱和之多，无逾二公者。"

公元803年，元稹二十五岁，白居易三十二岁，二人风华正茂，指点江山，同书判登科，结为终生诗友。

许多年后，当白居易回忆起那场初遇，感叹道："昔我十年前，与君始相识。曾将秋竹竿，比君孤且直。"

孤高、耿直，便是他们成为知己的原因。所谓"高山流水遇知音"，茫茫人海，无论你在何处，无论你是何人，总有人为你而来。

白居易为翰林学士，元稹为监察御史，闲暇时，"花下鞍马游，雪中杯酒欢"，也曾得罪权贵，也曾遭人暗算，所幸，一路携手，风雨同舟。

有一年，元稹奉命前往东川，夜宿汉川驿，梦到与白居易同游曲江，并入慈恩寺诸院，倏然而醒，写下一首《梁州梦》："梦君同绕曲江头，也向慈恩院院游。亭吏呼人排去马，忽惊身在古梁州。"

巧的是，同一天，白居易真的在曲江游玩，饮酒之时，想起元稹，便也写下一首《同李十一醉忆元九》："花时同醉破春愁，醉折花枝作酒筹。忽忆故人天际去，计程今日到梁州。"

千里神交，心有灵犀，你在月下想我，我在梦中寻你，这是多么浪漫的事情！

你在远方，行了山一程水一程。

我在长安，念了这一岁那一生。

后来，两人相继被贬，一个在通州，一个在江州，相隔甚远，其间赠、寄、酬、唱、和、答诗不断，这便是令世人瞩目的"通江唱和"，数量之多，从古未有。

白居易频频梦到元稹，便寄去《梦微之（十二年八月二十日夜）》：

"晨起临风一惆怅，通川溢水断相闻。不知忆我因何事，昨夜三更梦见君。"

元稹读后，回诗《酬乐天频梦微之》："山水万重书断绝，念君怜我梦相闻。我今因病魂颠倒，惟梦闲人不梦君。"

白居易说，我梦到了你。

元稹说，我病了，梦到别人却没梦到你。

这两人的确可爱，相隔天涯，还不忘互相调侃。

他们最后一次相见，是在东都洛阳。当时，元稹从越州回京师，途经洛阳，探访故友，醉后留下一首诗。

过东都别乐天二首
元　稹

其　一

君应怪我留连久，我欲与君辞别难。
白头徒侣渐稀少，明日恐君无此欢。

其　二

自识君来三度别，这回白尽老髭须。
恋君不去君须会，知得后回相见无。

此番相遇，终不似，少年游。从英年青丝到暮年华发，不知经历了多少苦难的洗礼。"与君相遇知何处"，他们如汪洋中的两片浮萍，此时，还能谈笑风生，已是苍天的垂怜。

一饮三叹，金樽之中，盛满了旧日的悲欢。这个年岁的人，离别，或许就是永别。

"知得后回相见无"，一语成谶，不久之后，元稹便暴病而逝。

白居易在祭文中写道："金石胶漆，未足为喻，死生契阔者三十载，歌诗唱和者九百章。"

此生，几离几合，九百诗文，皆是为你而写。

三界之间，谁无生死？逝者已矣，生者如何？余生，唯有在梦中相遇。

梦与李七、庾三十三同访元九

夜梦归长安，见我故亲友。

损之在我左，顺之在我右。

云是二月天，春风出携手。

同过靖安里，下马寻元九。

元九正独坐，见我笑开口。

还指西院花，仍开北亭酒。

如言各有故，似惜欢难久。

神合俄顷间，神离欠伸后。

觉来疑在侧，求索无所有。

残灯影闪墙，斜月光穿牖。

天明西北望，万里君知否。

老去无见期，踟蹰搔白首。

梦中，是眷恋的长安，是熟悉的故友。

梦中，有二月春风，有西院繁花，有北亭美酒，有月光下的你和我。

倘若可以，这场梦为何要醒？

宁愿于梦中老去，也不愿于现实中苟活。

白居易为元稹撰写墓志铭，元家以重金酬谢，他多次推却，元家却执意相赠，最后他便将这笔钱财捐给香山寺，借此功德，以求来生结缘。他在《修香山寺记》中写道："乘此功德，安知他劫，不与微之结后缘于兹土乎？因此行愿，安知他生，不与微之复同游于兹寺乎？"

只愿，来世轮回，能与微之同游此寺。晚年，白居易笃信佛教，号香山居士，在香山寺清修、参悟，只为求得来世的缘。

公元846年，八月十四日，白居易于洛阳去世，葬于洛阳香山。

龙门东山又叫香山，山谷名为青谷，青谷把香山北坡分出了一座山峰，叫琵琶峰，白居易的墓园便在此处，即白园。

我去白园时，忽逢暴雨，那是有生以来第一次淋雨。风雨潇潇，我在雨中，望着墓碑上的"唐少傅白公墓"，想到的便是那句："君埋泉下泥销骨，我寄人间雪满头。"

这风雨中的一生，谁人知晓？

香山寺中，人头攒动，他们可等到了来世的相逢？

断肠声里忆平生

长沙过贾谊宅

刘长卿

三年谪宦此栖迟¹，万古惟留楚客悲。

秋草独寻人去后，寒林空见日斜时。

汉文有道恩犹薄，湘水无情吊岂知²？

寂寂江山摇落³处，怜君何事到天涯⁴！

---

1 栖迟：淹留，逗留。此句写贾谊曾被贬为长沙王太傅三年。
2 岂知：哪里知道。贾谊渡湘水时，曾作赋凭吊屈原。
3 摇落：凋残，零落。
4 何事：为何，何故。到天涯：指被贬到极远的地方。

这世间，有多少意难平？庙堂之上，江湖之远，总有未完的心愿，总有坎坷的道路。

天宝十四载（755），刘长卿登进士第，可还未等到揭榜，便发生了安史之乱。

唐肃宗即位以后，刘长卿被任命为长洲县（今属苏州地区）县尉，却没想到，小小的县尉之职，也能遭人嫉妒，他被诬入狱，后遇赦获释。

之后，他的仕途便陷入了死局——贬官。

公元770年，此时的大唐已非盛世，官场黑暗，岂能容下刚正不阿之人？故而，一纸诏书，刘长卿又被贬了。

这一次，他得罪了鄂岳观察使吴仲孺，被诬为贪赃，贬官睦州（今浙江建德梅城）司马。

那是一条漫长的路，芳草斜阳，古道瘦马，行过山水重重，看尽江山萧条。

正逢秋冬之交，天地间一片凄凉，秋风萧瑟，呼啸而过，似在催促着远行人的脚步。

马车上，刘长卿沉声问："前方是何地？"

车夫答："长沙。"

长沙，旧时属楚地。他记得，那里有汉代名臣贾谊的故居。俄然间，他很想走一走先人走过的路。

于是，刘长卿孤身来到贾谊的故居，推开陈旧的木门，踏入荒凉的宅院，旧人已逝，松柏常青，今人来此凭吊，只觉沧海桑田，唯剩遗憾。

贾谊，生于洛阳，少有才名，二十一岁时，被汉文帝征召，委以博士之职，一年之内，又被提拔为太中大夫。此时，他正是风华正茂之时，指点江山，谈笑风生。只可惜，越是优秀的人，越是遭人嫉妒，朝中有人暗中诽谤贾谊"年少初学，专欲擅权，纷乱诸事"，汉文帝渐渐开始疏远他，几年后，贾谊被外放为长沙王太傅。

贾谊被贬此处，整整三年之久。三年，足以将一个人的锋芒消磨，那青春的热血化为失意与落寞，犹如折翼的燕雀，再也无法翱翔于广阔的天地。后来，他即便回到了长安，汉文帝也未再委以重任。

"楚客"，流落到楚地客居，特指贾谊。多少代后，这难以平息的"悲"依然令人神伤。诗人遥想古人之时，也叹息着自己的遭遇，同是天涯沦落人，古今多少幽愤事！虽非同一朝代，却走着相同的道路，这是一条没有光的道路，他们皆是行人，是命途多舛的行人。

秋草深处，他独自漫步，寻觅着先人的足迹。可是，他寻不见一丝生机，目之所及，只是寒林、日斜。夕阳斜照寒林，那光从枝叶的缝隙穿过，落在尘土上，落在掌心中，如一场破碎的梦。

汉文帝，何其"有道"的君主，压制权臣，轻徭薄赋，如此贤明，尚且对贾谊恩疏情薄，更何况诗人所效忠的大唐皇帝呢？唐代宗，素来宽厚，非英睿之君，亦非昏主，可这种"宽厚"，却反而纵容了宰相擅权而逐贤臣。

当年，贾谊经过湘水时，写下《吊屈原赋》，凭吊屈原，而今，刘长卿又在此凭吊贾谊。湘水无情，流淌千百年的时光，今人凭吊，又有何人知？

他望着寂静江山，落叶纷纷，满目荒凉，像极了风雨中的大唐。他又能如何呢？最终只能叹一句："怜君何事到天涯！"

此处的"君"，既是指贾谊，也是指自己。只是，可怜二人明明无罪，却不知因何事被放逐到天涯！

暮色已至，他踯躅于古老的巷弄，迟迟不愿离去。他舍不得最后一缕光明，更舍不得大唐最后一丝宁静。

数月后，他到了睦州，在那里，他结识了皇甫冉、秦系、严维等诗人，举杯邀月，酬答唱和，度过了一段无忧的岁月。江山飘摇，仕途艰难，幸而，尚有知己相伴。

秋风袭来时，他也会想起那缕夕阳，那座古宅，那个故人。

他曾深爱长安，故事中的长安，诗词里的长安。可是，长安留给他太多遗憾。他也曾眷恋美好繁华，杯觥交错，然而长安虽大，却容不下长卿一人。官场险恶，一次次被诬陷，一次次辩白，他如浮萍般漂泊其中。

睦州，刘长卿在碧溪坞筑"碧涧别墅"。

碧涧别墅是他心灵的救赎，虽为荒村陋室，却别有一番悠闲自在。然而，这真的是他所向往的吗？山野寂寥，总有落寞，总有心结，总有思念。他时常在想，若有一人能来看看他，也是极好的。

诗人大抵都是纠结的，向往着白云深处，又叹息着寂寥山雨；渴望归隐，享受孤独，又期盼邂逅。

芳草萋萋，夕阳斜照，荒村落叶纷纷。一场冷雨，惊醒了诗人的梦，青衫尽湿，百步影稀，又有何人会来此看望自己？

而此时，一位故人恰恰出现了，在最想念之时，不早不晚。

碧涧别墅喜皇甫侍御相访

荒村带返照，落叶乱纷纷。

古路无行客，寒山独见君。

野桥经雨断，涧水向田分。

不为怜同病，何人到白云。

"古路无行客，寒山独见君。"那条古路，已许久未有来客，寒山之上，独见君一人。皇甫侍御，还是来了。

本以为此生不会再见到友人，却没想到友人竟不远千里寻他而来。人生得一知己，足矣。

皇甫侍御冒着风雪而来，攀山越岭，长途跋涉，来到刘长卿面前。那是怎样的一种感情？那是不弃的友情，是不改的初心。

这一路，又是何其艰难。"野桥经雨断，涧水向田分。"一场秋雨后，山野小桥被大水冲断，溪水暴涨，溢向岸边田地，友人踩着泥泞的土地，一步步走来……

他正深处黑暗之中，而友人携光而来。当柴扉轻叩，熟悉的身影出现在小径上，才知原来自己并非孤身一人，高山流水，终遇知己。

许久未见，他们都已年迈，再不似年少时潇洒不羁，唯一不曾改变的是当初的那份情谊。

那夜，他们促膝长谈，聊起往事，恍然如隔世。纵然世间太多难平事，他们亦能交心畅谈。锦上添花何其多，雪中送炭能几人？当一切尘埃落定，普天之下又有几人知君心？

刘长卿经历了贬谪、离乡，处世的心态早已不似从前。至于皇甫侍御，亦有自己的辛酸过往。或许，正是因为同病相怜，他们才能于白云深处重逢；也正是因为这场重逢，他们才能于黑暗中继续前行。

生活，给了他们太多的压抑，偶尔的小聚，不仅仅有喜悦，也有唏嘘。如此庆幸，异地他乡遇故知，无需过多的言语，一个身影，一个动作，一个眼神，便觉得有意义。

这夜之后，还会觉得孤独吗？或许会吧！人，终究是人间孤独客。可是，他们心怀彼此，便也不觉得夜夜难熬。

有没有哪一年，远走他乡，只为寻一位知音？

有没有哪一季，策马天涯，只为续一场约定？

有没有哪一日，独守空城，只为等一次相遇？

总有这样一个人，即使你被世人遗忘，他也会不离不弃，寻遍天下，于某一年，某一日，或是不期而遇，或是为你而去。

寒江
寻孤
影

江 雪

柳宗元

千山鸟飞绝，万径[1]人踪灭。

孤舟蓑笠[2]翁，独钓寒江雪。

---

1 万径：千万条路。
2 蓑笠：古代用草或麻编织而成的斗篷和帽子。

长安，京西庄园。

安静的午后，帘幕风轻，双燕呢喃，少年手中捧着一卷诗书，静静地读着。

忽然，门外传来一阵急促的脚步声，只听仆人道："泾原士兵叛变了！正欲进攻长安！"

少年还未来得及收拾行囊，便被母亲抱上了马车，仓皇逃出长安。

那是他第一次经历战乱，一眼望去，尽是流离失所的百姓。

他蹙眉问："这战乱因何而起？"

母亲耐心地解释道："成德节度使李宝臣过世，按惯例，应由其子李惟岳继承父职，陛下想趁此机会削弱藩镇势力，可惜处理不当，引起各地叛乱。"

少年看着前方的路，迷茫地问："我们要去何处？"

母亲轻轻地为他披上外衫，缓缓道："去你父亲的任所夏口（今湖北武汉汉阳地区）。"

那一路，乌云密布，夹杂着泥土中的血腥气，压得人难以喘息。与他们同行的，还有数不尽的难民，少年的心从未如此沉痛，他暗暗发誓：若能入仕，必不让百姓再受苦难。

这位少年便是柳宗元，母亲出自范阳卢氏，父亲出自河东柳氏，皆是世代官宦，书香门第。而他，也不负众望，二十一岁进士及第，短短几年，便从校书郎升为蓝田尉。

那时的他，平步青云，前途无量。倘若他不参与那场革新，以他的家世与才华，何愁不能封侯拜相？

公元805年，唐德宗驾崩，太子李诵即位，改元永贞，即唐顺宗。顺宗即位后，开始重用王伾、王叔文等人。王叔文掌权后，联合了一群志同道合的同僚，推行革新，打压藩镇和宦官势力，废除宫市，贬斥贪官污吏，整顿税收，史称"永贞革新"。

柳宗元是革新党的重要成员，他押上了自己的前程，决定赌一赌，试图挽救走向歧路的大唐。

这一举措，终究是触碰了某些人的利益。于是，朝中各方势力开始斗争，数月以后，唐顺宗病重退位，宦官拥立李纯即位，即唐宪宗，至此，改革彻底失败。王叔文被贬为渝州（今重庆）司户参军，王伾被贬为开州（今重庆开州）司马，其余韩泰、陈谏、柳宗元、刘禹锡、韩晔、凌准、程异、韦执谊等八人，也先后被贬为司马，史称"二王八司马"。

京都之内，笼罩着骇人的杀气，人们或是闭门不出，或是低头不言。

那年九月，秋风还未染红枫叶，便有人要离开长安。

马车缓缓而行，柳宗元回望城楼，那京华伴着万里云霞，一点点消失在天际。

从此，长安唯有梦中得见。

柳宗元先是被贬为邵州（今湖南邵阳）刺史，在赴任途中，又传来旨意：再贬为永州（今湖南永州）司马。

永州，那是更遥远的地方。

柳宗元到永州后，一无官邸，二无钱财，只能暂居龙兴寺内，听僧人读经文，感人世之苦痛。

第二年，天子又颁下一道圣旨：左降官韦执谊、韩泰、陈谏、柳宗元、刘禹锡、韩晔、凌准、程异等八人，纵逢恩赦，不在量移之限。

这道圣旨的意思是，纵然天下大赦，此八人之罪也不可赦免。此生，柳宗元再无翻身的机会。

在永州，他生活了十年之久。这期间，他常以"愚"自称，并将他居住的地方称为"愚堂"。

"愚"，是一种自嘲吧！笑自己自命不凡，笑自己痴心妄想，笑自己自寻绝路，他真乃愚翁也，竟愚笨到不顾前程，去拯救一个腐朽的王朝。

那年隆冬，千里飞雪，万籁俱寂，他孤身走在江畔，感受着从未有过的孤寂。他在风雪中，艰难地张开口，高声念着："千山鸟飞绝，万径人踪灭。孤舟蓑笠翁，独钓寒江雪。"

那声音震彻天地，却无人敢应。

他的诗是那么简单，短短二十字，却描绘出一幅画：飞鸟无迹，万径无人，江面之上，唯有一叶孤舟，一个渔翁。那渔翁在干什么？他在寒江中独自垂钓。

他的诗又是那么复杂。复杂到往后千年，无人能领略此种孤独。

真正的孤独，是一个人用尽一生做一件事。孤独到了极致，便生出了坚韧。

天地苍苍，渔翁何其渺小，却依旧静坐于风雪中，耐得住风寒，忍得了苦楚。

他在写渔翁，也在写自己。从前，他所行之事，何尝不是在风雪之中垂钓？那般坚持，那般孤勇。他走了常人未敢走的路，也受了常人未受之苦，可他从不后悔。他知道，夜的尽头，总有黎明。

所以，哪怕处在人生至暗之时，他也未曾沉沦，而是纵情山水，潜心著文。他于永州写下《永州八记》，分别是《始得西山宴游记》《钴𬭊潭记》《钴𬭊潭西小丘记》《至小丘西小石潭记》《袁家渴记》《石渠记》《石涧记》《小石城山记》。

山水之间，自能释然。

十年后，柳宗元接到诏书，圣上命其回京。

经过一个月的长途跋涉，他终于回到了长安。长安如旧，奈何人心不古，庙堂之事，机关算尽，咄咄逼人。

他没有被赦免，而是改贬为柳州刺史。这一次，他坦然接受这个结果，没有不舍，没有辩白，走得干净利落，走得肆意洒脱。

他到柳州的第二个月，便实行改革，兴办学堂，开化民风，释放奴婢，植柑种柳。在那里，他实现了多年的梦想，也兑现了少时的誓言。

暖春时节，他亲自种下柳树，写诗记之。

种柳戏题

柳州柳刺史，种柳柳江边。

谈笑为故事，推移成昔年。

垂阴当覆地，耸干会参天。

好作思人树，惭无惠化传。

　　他与"柳"似有一种缘，柳州刺史柳宗元，今日种柳柳江边。这桩"种柳"之事，已成为当地的笑谈。随着时间的推移，今日也会变成昔年，到时候，树立参天，树荫覆地，人们走在树下，也许会怀念起种树的人。此生为官，虽未治国安邦，却也造福一方。

　　雨过山城，百花散尽，江畔之上，垂柳依依，是他的风华，是他的初心，是他耗尽余生之力，留在人间的光芒。

风雨尽处
总逢春

酬乐天扬州初逢席上见赠

刘禹锡

巴山楚水凄凉地[1]，二十三年弃置身[2]。

怀旧空吟闻笛赋[3]，到乡翻似[4]烂柯人。

沉舟侧畔[5]千帆过，病树前头万木春。

今日听君歌一曲[6]，暂凭杯酒长精神[7]。

---

1 巴山楚水：指湖南、湖北、四川一带。刘禹锡被贬后，一直辗转于朗州、连
　州、夔州等巴山楚水的边远地区。

2 弃置身：指遭受贬谪的诗人自己。

3 闻笛赋：指向秀的《思旧赋》。

4 翻似：倒好像。

5 侧畔：旁边。

6 歌一曲：指白居易的《醉赠刘二十八使君》。

7 凭：靠，依托。长精神：振作精神，增长斗志。

很久之前，他们只听过彼此的名字：刘禹锡，字梦得；白居易，字乐天。

前半生，他们都在各自忙碌，年少纵歌，投身庙堂，耿直不阿，遭遇贬谪，经历有所相同，又有所不同。

缘分，让他们注定相逢，不早不晚，正好可以风雨相伴。

扬州，又是一年寒冬时节，苍天不怜，骤使人间满北风，吹落一地白梅，让人恍然以为是深冬的落雪，铺满了青砖黛瓦，似白衣素裹，似故人白发。

那年，刘禹锡罢和州（今安徽和县）刺史，欲返回洛阳。同时，白居易从苏州返洛阳。二人在扬州不期而遇，与君初相识，犹如故人归。

席上，两人相谈甚欢，互相诉说着这些年的困苦。

刘禹锡，自"永贞革新"以后，被一贬再贬，整整二十三年，盛年不再，华发苍颜。白居易，江州司马泪沾襟，数载之间，四处为官，因病去职，历经波澜。

同在宦海沉浮，各有风雨，各有悲喜。

席上，白居易写下《醉赠刘二十八使君》："为我引杯添酒饮，与君把箸击盘歌。诗称国手徒为尔，命压人头不奈何。举眼风光长寂寞，满朝官职独蹉跎。亦知合被才名折，二十三年折太多。"

刘二十八使君，即刘禹锡。那夜，刘禹锡拿过白居易的酒杯，为他斟满美酒，与他把箸击盘，二人醉着，唱着，尽情尽兴。

听刘禹锡谈起那些旧事，白居易不禁感叹："君之诗才，堪称国手，但又有何用？命压人头，无可奈何！"

既是赏识，又是同情。四海之内，举目都是风光，独他长守寂寞；朝堂之上，官员都有作为，独他蹉跎光阴。

知君之高才，怜君之坎坷，只是不懂为何命运如此不公，让君受这二十三年的折磨。二十三年，失去了芳华，失去了锋芒。

刘禹锡读着那首诗，并未伤感，而是淡笑着拿起纸笔，写下《酬乐天扬州初逢席上见赠》："巴山楚水凄凉地，二十三年弃置身。怀旧空吟闻笛赋，到乡翻似烂柯人。沉舟侧畔千帆过，病树前头万木春。今日听君歌一曲，暂凭杯酒长精神。"

这二十三年，刘禹锡都去了何地？他先是被贬到朗州（今湖南常德），再被贬连州，然后调任夔州、和州。朗州是楚地，夔州属巴郡，楚地多江河，巴郡多群山，诗人称被贬之地为"巴山楚水"，前后共二十三年，如放逐之人，沉沦在凄凉之地。

"怀旧空吟闻笛赋，到乡翻似烂柯人。"此处，诗人用了两个典故。

"闻笛赋"，是指向秀的《思旧赋》。西晋时期，向秀与嵇康、吕安结为知己，三人都是当时名士。后来，嵇康、吕安因不满司马氏的残暴统治，被其杀害。向秀路过嵇康旧居，听到笛声，伤怀友人，遂写了《思旧赋》。

"烂柯人"，出自《述异记》。相传，晋人王质上山砍柴，遇到两个童子对弈，他驻足观棋，过了多时，童子道："你该归家了。"王质这才想起自己是来砍柴的，于是起身拿斧，却发现斧柄已烂，回到村中，才知已过了百年。

那些年，昔日旧友相继长逝，他只能默默作诗缅怀，等到久谪归来，故地重游，月已不是当年月，人亦不为旧时人。

浮生千变化，宦途多崎岖，白发无情长回首，人生几许伤心事。如何能不愤懑？如何能不消沉？

可是，刘禹锡的心底还有未灭的星火。他以沉舟、病树比喻自己：沉舟侧畔，千帆行过；病树前头，万木皆春。枯木尚且能逢春，他何愁等不来光明？"莫道桑榆晚，为霞尚满天"，只要一息尚存，便心存希望。

那夜，他举起酒杯，敬故人，敬新交。

君不见，凉月如水，此夜须沉醉。

初逢以后，二人便开始相互唱和，无论同城，还是异地，诗文从未断过。

春时，芳草郁郁，花团似锦，白居易写下《春词》："低花树映小妆楼，春入眉心两点愁。斜倚栏杆背鹦鹉，思量何事不回头。"

这是闺中春愁，低花绿树掩映着小楼，春风将点点愁绪吹入少女的眉心，只见她倚着栏杆，背向鹦鹉，不知在思忖何事。

刘禹锡看了以后，立刻给白居易回了一首《和乐天春词》："新妆宜面下朱楼，深锁春光一院愁。行到中庭数花朵，蜻蜓飞上玉搔头。"

他笔下的女子，妆罢下楼，独对春深，在深深庭院中数着花朵，引得蜻蜓飞上玉簪。可惜，春光空负，无人欣赏。

除了书信往来，刘禹锡还不远千里，为白居易送去了一只鹤。白居易以诗相谢，诗云："老鹤风姿异，衰翁诗思深。素毛如我鬓，丹顶似君心。松际雪相映，鸡群尘不侵。殷勤远来意，一只重千金。"

一生诗友，一生挚友。此等情谊，似海深，似山重。

晚年，二人于洛阳长居，短暂相守七年。刘禹锡不幸病卒，白居易闻之，悲不自胜，为逝者写下两首悼亡诗。

哭刘尚书梦得

白居易

其　一

四海齐名白与刘，百年交分两绸缪。

同贫同病退闲日，一死一生临老头。

杯酒英雄君与操，文章微婉我知丘。

贤豪虽殁精灵在，应共微之地下游。

其　二

今日哭君吾道孤，寝门泪满白髭须。

不知箭折弓何用，兼恐唇亡齿亦枯。

窅窅穷泉埋宝玉，骎骎落景挂桑榆。

夜台暮齿期非远，但问前头相见无。

当年，他们是四海齐名的"刘"与"白"，同贫苦，同染病，同退闲，而今，竟是一生一死，阴阳相隔。再无人举杯相敬，再无人诗文唱和，倘若黄泉相见，白发再同游。

今生相识，已是幸事。与君共淋雪，与君共白头，人间便无遗憾。

丹青一纸 任平生

写真寄夫

薛　媛

欲下丹青笔，先拈¹宝镜寒。

已经颜索寞²，渐觉鬓凋残。

泪眼描将³易，愁肠写出难。

恐君浑⁴忘却，时展画图看。

1　拈：用手指搓捏或拿东西。
2　经：一作"惊"。索寞：容颜衰老，失意消沉。
3　描将：描写。将：一作"来"。
4　浑：完全。

旧日的烟雨不知融化了多少寒冬，那些泛黄的画卷亦随着落花而去。

古巷间，不见风华，不见离人，桃花落尽，红尘滚滚，昔年的爱恨已在清风处渐渐消散。

她的名字叫薛媛，生于濠梁（今安徽凤阳），自幼聪慧，能诗文，善书画，是有名的才女。

薛家虽不是名门望族，但也是书香世家。家中长辈教她诗文绘画之时，常告诫她：不露圭角，虚怀若谷。

她谨记教诲，从不踏出宅院，春时绘花开，夏时绘烟雨，秋时绘鸿雁，冬时绘雪梅。四季轮转，各有不同，她总能将人间百态绘入画卷。一盏茶，一卷纸，伴着她走过了年少时光。

这样的她，是温婉的，是柔情的，不谙世事，天真无邪，似暖阁中的一株盆景，日月为梦，未见东风，不知人心易变，不知世道险恶。

桃李年华，许多人登门提亲，或是达官贵人，或是朱门贵胄，仰慕其才名，欲娶她为妻。可她，偏偏不喜王孙公子，所求的只是：愿得一人心，白首不相离。

许是读了那些关于爱情的诗句，便心生向往，活在自己编织的梦里，等待着一个完美的人。

于是，南楚材出现了，寒门书生，谦谦君子，她以为，这便是她心中所梦之人。

"桃之夭夭，灼灼其华"，燕燕于归，红装花嫁。那日，她听见了锣鼓声，听见了道贺声，听见他轻轻推开房门，听见他深情许下誓言。

她安静地听着，却不知是真是假。

也许，那一刻，的确是真的。

那年，南楚材忽然提出要离家远游。

他道："此次出游，或许能结交文人雅士，此乃于仕途有利之事。"

闻言，薛媛并未阻拦。凡是以"前途"为由的远行，似乎都能得到原谅。只是，官场险恶，时局动荡，他又何苦执着于功名利禄？

男子有男子的抱负，女子有女子的担忧，总要有人退一步，成全对方的心意。可是，不知为何，这退让之人往往都是女子，离去的人自有一番天地，留下的人仅有闺中愁怨。

她望着那道背影渐渐消失在巷口，这一别，不知何年何月才会相见。

空荡荡的宅院瞬间失了烟火气息，月下徘徊，孤影相伴，宣纸上，画了一池碧水，画了成对的鸳鸯，却总画不出爱人的模样。她等了一日又一日，从花开等到花落，从黑夜等到天亮，不知过了多久，朱红的宅门终于被叩响。

她又惊又喜，打开门，却不见南楚材，只见到了他的贴身仆人。

莫非夫君遭遇了不测？她不敢去想，亦不敢去问。

这时，仆人递上一封家书，低声道："主君命我取琴、书等物。"

她缓缓打开那封信，上面仅有短短几行小字：不亲名宦，唯务云虚。欲往青城求道，上衡山访僧。

他说，他不要功名了，欲去访僧求道。

可笑！他如此贪恋名利，怎会看破红尘？怎会去求仙问道？

女子，远比男子想象的聪慧百倍。薛媛是了解夫君的，所以，此等谎言根本骗不了她。

她面无表情地合上信，沉声问："主君在外到底遇见了何人？如实道来。"

仆人见瞒不过她，便道出实情。

真相往往令人绝望：南楚材远游之时，途经颍州（今安徽阜阳），颍州太守慕其才学，便请于家中，以礼相待。太守爱其风采，欲以女嫁之。南楚材为仕途欲允婚，便派遣仆人回乡取走书、琴等物。至于"不亲名宦，唯务云虚"等词，皆是他精心编出的谎言。

有些故事，虽是意料之中，但亲耳听到，还是不免感到凄凉。所以，爱是什么呢？

当年，他也是一往情深，说过无数句"此生不负"。

如今，那一字一句的誓言也成了梦里云烟。

仆人又道："此后，主君便不再归家。"

好一句"不再归家"。一别经年，不是不念，而是善变。她好像从未真正认识南楚材，夫妻数年，知人知面不知心。

所谓爱恨，不过是红尘中的痴男怨女遇见一场浮生缘，倦了，散了，从此，两不相见。

夜深，薛媛取出妆奁，菱花镜中，是铅华遮不住的哀伤，是胭脂染不红的苍白，春光飞逝，红颜易老。

她抬起手，抚过眼角细纹，抚过鬓间白发，轻叹道："还是老了。"

月华如水，散落人间，照不见伊人憔悴的双眼。

薛媛展开泛黄的宣纸，许久未画丹青，再挥墨，却不知笔落何处，想必南楚材已将她的容貌忘记大半，与其画山画水，倒不如画自己。她再次看向铜镜，眼角的泪痕未干，鬓间青丝稀疏，原来早已不似韶华之年。

这一次，她为自己画肖像，一笔一神韵，一墨一痛心。

画完，她又提笔在画旁写道："欲下丹青笔，先拈宝镜寒。已经颜索寞，渐觉鬓凋残。泪眼描将易，愁肠写出难。恐君浑忘却，时展画图看。"

欲下笔，先拈镜，镜中容颜多落寞，鬓间青丝已凋残，泪眼易绘，愁肠难写。

为何作画？她道："恐君浑忘却，时展画图看。"

唯恐郎君将我忘却，只盼想念之时，可以展开画卷一看。

诗句写不出红颜，丹青绘不了感情，唯有将二者尽书纸上，才能让远方的薄情人知晓她的相思。可即便他迷途知返又如何？错了便是错了，难再原谅。墨迹未干泪先流，宣纸皱了，墨香散去，如同逝去的心。

这一生，经历甚少，一张纸，一支笔，便足够写尽辛酸。

往后的岁月，她再也不求至死不渝。

因为，爱绝非永恒之事。

颍州，太守府。

仆人将画卷交到南楚材手中，他默默地盯着画像看了整整一个时辰。

那行诗句竟无一分怨恨，字字皆是血，句句皆是情，他仿佛看见妻子站在自己的面前，没有责备，没有谩骂，只是轻轻地问："此去经年，你可曾想过我？"

此刻，没有怒火的指责最为致命。

他读完诗，心生愧疚，第二日，便拜别太守，快马加鞭赶回濠梁。

朱门再一次被叩响，薛媛便知他回来了。

她深知，他的所作所为不可原谅。

可是，见他那般诚恳地赔罪，那般卑微的乞求，她终究原谅了他。

时人嘲之曰："当时妇弃夫，今日夫弃妇。若不逞丹青，空房应独守。"

如果没有那幅丹青，没有那首诗文，她是否还能留住他的心？大千世界，芸芸众生，多少女子只能眼睁睁看着爱人离去……

无能为力，爱而不得，才是世间常态。

张爱玲说："生命是一袭华美的袍，爬满了蚤子。"

这是大多数人的生活，也是大多数人的爱情。我想说的则是，不要成为完美主义者，无论生活，还是爱情，总有伤痕与遗憾。

若不如意，当断则断。你永远回不到从前，但你可以去寻一个梦，去追一缕风。

活在当下，不负余生。

曾经沧海

难为水

遣悲怀（其一）

元　稹

谢公最小偏怜女¹，自嫁黔娄百事乖²。

顾我无衣搜荩箧³，泥⁴他沽酒拔金钗。

野蔬充膳甘长藿⁵，落叶添薪仰古槐。

今日俸钱过十万，与君营奠复营斋⁶。

1　谢公：指东晋宰相谢安，他最偏爱侄女谢道韫。此处借指韦丛的父亲韦夏卿。

2　黔娄：战国时齐国隐士，虽家徒四壁，却励志苦节，安贫乐道。乖：不顺利。

3　荩箧（jìn qiè）：用荩草编织的箱子。

4　泥（nì）：软语央求。

5　甘：意为吃得香甜。藿：豆叶，嫩时可食。

6　营奠：置办祭品。营斋：请僧、道斋会，超度亡灵。

韦丛，元稹一生的挚爱。

贞元十八年（802），太子少保韦夏卿之幼女下嫁元稹。那时候，她年仅二十岁，不恋富贵，不问前程，一袭嫁衣，从朱门踏入寒门，只为了一个"爱"字。

原来，果真有那样的爱情，不食人间烟火的闺阁小姐，爱上了一个小小的校书郎，共患难，无怨言，陪他看尽世间的繁华与悲欢。

七年后，韦丛因病过世，元稹含泪写下三首《遣悲怀》。

第一首，是追忆旧事。

"谢公最小偏怜女，自嫁黔娄百事乖。"谢公，便是东晋宰相谢安，他偏爱侄女谢道韫，视其为掌上明珠。而元稹的妻子韦丛，也是韦家的骄傲，锦衣玉食，娇生惯养。这样的女子，屈身下嫁给诗人这样如黔娄般的贫士，成婚以后，事事都不顺遂。

如何不顺遂？见他没有衣衫，便在箧中寻找；见他要饮酒，便拔下金钗换钱。她用野菜充饥，却说野菜甘美；没有柴烧，便以古槐的落叶作薪。

她曾经是什么身份？显赫之家的千金，穿的是绫罗绸缎，用的是金樽玉盏，哪里懂得何为野菜，哪里知晓何为木柴？可成婚以后，却要学习缝衣煮饭，考虑柴米油盐。

想来，这桩婚事，韦家应是极为反对的，所以，二人成婚以后，哪怕穷困潦倒，韦家也从未施以援手。若不嫁元稹，她会有许多选择，或是王孙贵族，或是朝廷新贵，皆可一世无忧，可她偏偏选了一个寒门之子，这无疑是一条艰难的道路。

这条路，他们相伴走了七年。

等到他高官厚禄之时，她却离开了人间。如今，他只能请来僧道，为爱妻超度亡灵。

其 二

昔日戏言身后意，今朝都到眼前来。

衣裳已施行看尽，针线犹存未忍开。

尚想旧情怜婢仆，也曾因梦送钱财。

诚知此恨人人有，贫贱夫妻百事哀。

常言道：贫贱夫妻百事哀。

可知为何哀？

昔日，雨落屋檐，旧燕归巢，韦丛静静地依偎在夫君的怀中，想到生死之事，戏言道："如果我不在了，我的这些旧物该怎么办？"

元稹下意识地握紧她的双手，低声道："那从此以后，我便守着旧物而活。"

韦丛笑了笑，道："那岂不是睹物思人，徒增哀伤？依我之见，不如把旧物施舍出去，也算一桩善事。"

她的语气夹杂着几分玩笑，几分认真，仿佛一位老者在嘱咐后事，目光沉沉的，若有所思。

他的心忽然慌乱了起来，凝视着她的眼眸，轻轻地说："不会的，不会有那一日的。"

即使有，也要很久以后……

当时，正是韶华之年，又怎会想到"那一日"来得如此之快？

骤然玉碎，未留只字片语。

曾经二人戏言的身后事，今朝竟成了事实。他依照妻子生前之言，将她穿过的衣衫施舍给穷人，做了一桩善事，积了一份功德。

只是，妻子曾用过的针线仍然封存，不忍打开。或许，那针线有着特殊的意义，留着它，就像留住了回忆。至于妻子身边的婢仆，他也甚是怜爱，未曾苛责半分。

在梦里，他曾无数次地寻找她的身影，她坐在简陋的旧屋里，孤身一人，与烛火相伴，他缓缓走向前，递去银钱。

这一举动，看似荒唐，却满是他对妻子的歉意。他还能为她做什么呢？只能在梦中，一次次弥补那些年的遗憾。

生离死别之恨，世间人人皆有，可对于贫贱夫妻而言，曾共困厄，一旦永诀，更为哀痛。

原来，"贫贱夫妻百事哀"，此哀，是死别之痛，是思念之哀。

其 三

闲坐悲君亦自悲，百年都是几多时。

邓攸无子寻知命，潘岳悼亡犹费词。

同穴窅冥何所望，他生缘会更难期。

惟将终夜长开眼，报答平生未展眉。

他的余生该如何度过？

许多时候，他都独自坐在那里，为她而悲，为己而悲。

人生这般短暂，百年时间，又有多长呢？有一日，他也会离去。那一日，何时来到？

他想到了"弃儿保侄"的邓攸，此人如此良善，却终身无子。

据《晋书·邓攸传》记载，永嘉末年，战乱之中，他带着妻子和儿子、侄儿逃亡，食物已空，匈奴逼近，他舍子保侄，并安慰妻子说："毋哭，吾辈尚壮，日后当有儿。"可惜，邓攸余生，再也无子。这皆是命运的安排。命运啊，让人又爱又恨！是命运让爱人相逢，也是命运让爱人离散。

潘岳为亡妻写下《悼亡诗》，字字深情，却只是白费笔墨，徒增伤悲。逝者已矣，迟来的深情，又有何意义？

正如此时，他写下再多的诗篇，也换不回妻子的性命。

即便死后合葬，也无法倾诉衷肠；至于来世结缘，也不过是痴人幻想。

那么，他只能许下诺言："惟将终夜长开眼，报答平生未展眉。"

今生，将用彻夜的思念，来报答你平生未展的双眉。

后来，元稹也遇到过许多女子，或是歌伎，或是才女，或是妾室，只是，无一人能替代韦丛。他始终是一个孤独之人，行走在世间，独自面对那些形形色色的人，只想尽快走完没有她的余生。

那夜，他又梦见了故人。

她始终是年轻时的模样，一袭素衣，立在风中，似梨花簌簌，似白雪纷纷。

他知道，那便是他余生的月光。

回首
风月梦

牡 丹

薛 涛

去年零落暮春时，泪湿红笺[1]怨别离。

常恐便同巫峡散[2]，因何重有武陵期。

传情每向馨香得，不语还应彼此知。

只欲栏边安枕席[3]，夜深闲共说相思。

---

1 红笺：即薛涛笺，是诗人自创的一种笺纸，用于写诗，长宽适度。
2 巫峡散：指宋玉《高唐赋》中楚襄王和巫山神女梦中幽会的故事。
3 枕席：泛指床榻。

元稹已经离开蜀地很久了，薛涛还终日站在浣花溪旁，盼着他，念着他。

她想，只要等下去，那个人总会回来的。

直到，有一日，她读到了他为亡妻写的那首《离思》："曾经沧海难为水，除却巫山不是云。取次花丛懒回顾，半缘修道半缘君。"

原来，沧海是沧海，河流是河流，她终究成不了他的巫山之云。那么，他们曾经的恩爱又算什么呢？是镜花水月，还是露水情缘？

既然不爱，又何必停留？无端惹来一场相思债，又是谁的过错？

那年春，元稹奉命出使蜀地，不知是因倾慕，还是好奇，他来到浣花溪畔，叩响了薛涛的院门。

初见之时，他三十一岁，她四十二岁。

他恭敬地道："在下元微之，久慕娘子才学，特来拜访。"

她礼貌地回应："小女薛涛，字洪度。"

薛涛以为这只是短暂的邂逅，不承想酒过三巡，他道："我知道你的过去，我是为你而来。"

她的过去，尽是伤疤。十六岁入乐籍，为了生存，不得不依附于剑南西川节度使韦皋，以歌伎的身份出入其府邸，赋诗侑酒。韦皋曾向朝廷上书，奏请唐德宗授薛涛以秘书省校书郎的官衔，而朝廷格于旧例，没有应允。不过，因此事，人们皆称她为"女校书"，那时何等风光！可是，这风光的背后，又有多少不为人知的辛酸。

无论她多有才华，多有钱财，在世人的眼中，她不过是一个陪酒的乐籍女子，卑贱之身，岂有尊严？等到红颜老去，失去了利用价值，她终于脱去乐籍，恢复自由身。可是，自由又如何？她已经失去了人生最宝贵的岁月，未遇良人，未得真诚。

如今，她孤独多年，竟有一个人对她说："我是为你而来。"

她焉能不动心？有时候，爱上一个人，可能就是因为某句话，或是某个瞬间。更何况，他的语气又是那般怜惜，如一缕光，照进了她心中冰封的世界，纵然她阅人无数，也识不清他的伪装。

那些日子，他们花前月下，缠绵私语，忘了今夕何夕，忘了日月更替。恋爱时，总会迷失自己，不问未来，不想结局。

甚至，她从来不问他的家事，她怕他已经娶妻生子，她怕他是逢场作戏。

等到夜深人静的时候，她才稍稍清醒，暗暗想着：以后，该怎么办？

她四十二岁了，他们还有以后吗？年龄，终究是不可逾越的沟壑，她破碎的灵魂，又如何配得上年轻的心？

他，看似很近，其实很远。她，看似骄傲，其实自卑。爱不一定是美好的，可能是痛苦甚至矛盾的。每个人，每段感情，都是一场自我修行，因果循环，各有结局。

数月后，他收到一纸家书。

他面色凝重，沉声道："吾妻病重，我须即刻启程归家。"

她从未见过他如此慌张、担忧，叹道："原来，你已经娶妻了啊！"

他反问："你不知道吗？"

她摇摇头："你从未提起。"

他道："我以为，你早就知晓。"

其实，那些未曾揭露的真相，彼此早已心知肚明，一个不敢质问，一个不敢坦白，大家都在明明白白地装着糊涂，又可笑，又可怜。

她想说的是："元微之，你为何不能像我爱你一样，也真诚地爱着我呢？你不是不懂爱情，你不是不懂思念，你爱她的样子，明明那么真挚。"

这样的爱，她永远得不到。

元稹走了，薛涛却没有放下。

甚至，她还将旧诗寄给他，诗曰："诗篇调态人皆有，细腻风光我独知。月下咏花怜暗澹，雨朝题柳为敧垂。长教碧玉藏深处，总向红笺写自随。老大不能收拾得，与君开似教男儿。"

她也知道，他永远不会回来了。

因为，他对亡妻有太多的亏欠，那亏欠终将化为思念，伴随着他的余生。

可她的余生又该如何？她只能寄去一封封信笺，告诉他，她的不甘，她的眷恋。

人就是这样，不将自己堕入深渊，便不知回头。她在等待中一日日绝望，一日日忘却。没有曾经深刻的想念，便没有最后决绝的割舍。

暮春时节，园中牡丹盛开了，花开倾城，像极了年少的她。

她轻声吟道："去年零落暮春时，泪湿红笺怨别离。常恐便同巫峡散，因何重有武陵期。传情每向馨香得，不语还应彼此知。只欲栏边安枕席，夜深闲共说相思。"

去年的暮春时节，她还为离别而怨恨，泪水湿了红笺，牡丹落在庭前。

那时，她还在期盼着重逢，以木芙蓉皮作料，加入芙蓉花汁，制成深红色精美的小彩笺，在笺上写上一行情诗，这是独属于她的浪漫。

襄王有意，神女无心。她时常恐惧这场等待会像巫山云雨那样散而不聚，又怕会像武陵人那般再也寻不到桃花源。

她只能对着牡丹倾诉相思，花开虽不语，馨香却传情。故人还不如牡丹，至少，牡丹不会背叛，年年盛开，岁岁相见。

以后的日子，她只想静静地生活，无人惊扰，无人过问，夜深闲来，还能与牡丹诉说思念。

她听说了他许多的风流之事，纳安仙嫔为妾，为刘采春作诗。刚开始，她不懂为何男子可以一边苦相思，一边结新欢。后来，她终于知道，对亡妻是深情，对新欢是享乐。

微之啊微之，你是聪慧的，唯有你，从始至终，都无比清醒。那些相逢不过是一场撩人的清风，不知所起，不知所终。

她不再想着相逢，也不再沉醉于旧梦。她脱下钗裙，换上道衣，一声声念着经文，释怀了，淡忘了，便放下了。

余生，一个人，独自绽放着最后的美丽。她彻底地放下了爱意、相思、愁怨，她获得了自由。她的心可以跨过万水千山，与四季相逢，也可以飞向皓月苍穹，与星河相伴。

　　世间根本没有被情所困的人，放下，便得欢喜。

人间
尽沧桑

苦昼短

李 贺

飞光[1]飞光，劝尔一杯酒。

吾不识青天高，黄地厚。

唯见月寒日暖，来煎人寿[2]。

食熊则肥，食蛙则瘦。

神君何在？太一安有[3]？

天东有若木[4]，下置衔烛龙。

吾将斩龙足，嚼龙肉，使之朝不得回，夜不得伏。

自然老者不死，少者不哭。

何为服黄金、吞白玉？

谁似任公子，云中骑碧驴？

刘彻茂陵多滞骨[5]，嬴政梓棺费鲍鱼[6]。

1　飞光：飞逝的光阴。沈约《宿东园》："飞光忽我遒，岂止岁云暮。"
2　煎人寿：消损人的寿命。煎：煎熬，消磨。
3　太一：天帝的别名，最尊贵的天神。安：哪里。
4　若木：古代神话传说中的树名。《山海经·大荒北经》："大荒之中，有衡石山、
　　九阴山、洄野之山，上有赤树，青叶赤华，名曰若木。"
5　滞骨：残余的白骨。
6　鲍鱼：腌制之鱼，其味腥臭。

李纯以为，自己从来都是个聪慧的人。

他知道自己想要什么，无论是帝位，还是长生，只要他想，必会去求。

六七岁的时候，祖父唐德宗把他抱在膝上，问道："你是谁家的孩子，怎么在我的怀里？"

一个简单的问题，李纯却思考良久。祖父是天子，自己是皇长孙，那么按照祖、父、子的顺序，自己便也是天子。

于是，他机智地答道："我是第三天子！"

这个答案，既有童真，又有野心。

果然，听到他的回答，祖父眼中流露出惊喜，从此，对他甚是偏爱。

最匪夷所思的是他的即位之谜。

贞元四年（788），李纯十一岁，被册封为广陵郡王。贞元二十一年（805）四月，被册封为皇太子。八月，唐顺宗内禅，传位于他，从太子到皇帝，仅用了四个月的时间。

这皇位是如何得来的？世人各有猜疑。那一年，朝中发生了太多的事情，先是唐德宗病逝，传位太子李诵，即顺宗，然后宦官俱文珍又逼迫顺宗让位太子李纯……

更诡异的是，李纯登基后不到半年，便对外宣布太上皇病重，次日，太上皇驾崩于兴庆宫。是病逝，还是阴谋？真相，已无人知晓。

但，不可否认的是，初时，李纯的确是一位明君，改革弊政，平定藩镇。他知道，唯有史书上的赫赫功绩，才能让世人忘却那些流言蜚语。

他要成为真正的君主，享一世尊荣，留万世美名。

不久，一位叫李贺的年轻人来到长安，满怀壮志，求取功名。

雁门太守行

黑云压城城欲摧，甲光向日金鳞开。

角声满天秋色里，塞上燕脂凝夜紫。

半卷红旗临易水，霜重鼓寒声不起。

报君黄金台上意，提携玉龙为君死。

他的诗，气势磅礴，意境苍凉，有理想主义的情怀，也有爱国主义的忠心，表达的不仅是壮志雄心，更是激励世人报效君主。

他也姓"李"，身上流着李唐宗室的血液，虽家道中落，却誉满京华。他来到长安，是想凭借才华，为家族争得曾经的荣耀，可惜，有妒其才者，处心积虑，污蔑陷害。

有人放出流言："父名晋肃，子不得举进士。"

李贺之父名为"李晋肃","晋"和"进"犯了嫌名，李贺应避讳，不得参加进士考试。

无奈之下，李贺只能愤然离去。

元和六年（811），经人举荐，李贺得了一个从九品的官职，任奉礼郎，掌管朝会、祭祀之礼，为官三年，他自言"憔悴如刍狗"。

那些年，他也时常遇见君王，大唐帝王从励精图治到无所作为，就那样在安逸中一点点腐烂。

他不再留恋此地，告病而归。

多年以后，他又听闻一桩荒唐的事情，皇帝为了求仙服药，委任方士为台州刺史。这很可笑，不是吗？多少士大夫苦求的官职，竟如此随意地给了一个方士，这是文人之耻，更是大唐之悲。

长生？他从来不信这世间有长生之术。此生不过须臾，有的人苦苦挣扎于水火之中，只求解脱；有的人醉生梦死在富贵之城，贪恋长生，可是，无论何种境地，时间不会停止，岁月不会重来。

他懂得这种遗憾，所以才会写下《苦昼短》。

他举起酒杯，叹道："飞光飞光，劝尔一杯酒。"

这一杯，敬飞逝的时光，劝它短暂地停停，饮下这杯薄酒。

"吾不识青天高，黄地厚。唯见月寒日暖，来煎人寿。"我不知这苍天有多高，大地有多厚，只看见寒暑更迭，日月运行，消磨着人的年寿。

这时光，到底是如何消磨成空的？春时盼着花开，夏时盼着凉风，秋时盼着飞雪，冬时盼着暖春，盼着盼着，四季轮转又一岁；盼来盼去，只顾着未来，竟忘了当下。人啊，受着时光的煎熬，忍着命运的

压迫，哪怕是帝王，也改变不了这宿命。

人活于世，依靠食物而活，食熊掌则肥，食蛙肉则瘦，根本没有不食五谷的仙人。神君何在？太一何在？

传说，天的东方有一棵神树，名为若木，树下有一条衔烛的神龙。诗人生出一个大胆的想法："吾将斩龙足，嚼龙肉，使之朝不得回，夜不得伏。"

他要斩断神龙的腿，咀嚼神龙的肉，让它白天不能巡回，夜晚不能潜伏。如此，昼夜便可不再更替，时间便也停止，老者不必死去，少者不必哀泣。

妄想成仙的人，又何必服黄金，吞白玉？那骑驴升天的任公子，也不过是传说而已，有谁见过？

汉武帝刘彻求长生，最后只能在茂陵中化为白骨；秦始皇嬴政求仙药，死后棺车也难掩其臭。

秦皇汉武的求仙梦尚且成为泡影，难道如今的人便能美梦成真吗？

最怕，执迷不悟，一意孤行。

元和十五年（820），大明宫，中和殿，李纯无比贪恋地抚摸着那把龙椅。

很早之前，他便清楚，死亡，离他如此之近。许是双手沾了太多的鲜血，他惧怕死亡，怕入九泉之下，面对枉死之魂。

因为恐惧，所以贪生。某一日，他从梦中惊醒，望着长空星汉，生出了幻想：要成仙，要长生！

于是，他开始日日服用丹药，每服下一颗，便觉可多活一岁。

也曾有人上表劝谏，言："金石含酷烈之性，加烧炼则火毒难制。若金丹已成，且令方士自服一年，观其效用，则进御可也。"

可是，他哪里等得了一年？他怕，他太怕了，怕不能受万人叩拜，怕失去这权力、这敬仰。

这丹药，李纯已服用数年，他笃信，此药服之，必能长生。他相信自己的判断，所以，哪怕性情暴躁易怒，哪怕身体日渐虚弱，他也从未怀疑过丹药。

那夜，他又拿起一颗丹药，缓缓咽下，睡梦中还继续渴望着有朝一日，凌驾于众生之上。

天明以后，他再也没有醒来。

有人言，他是因服食丹药过量而死。

也有人言，他是被宦官陈弘志、王守澄等人联合弑杀。

他的死，同他父亲一样，也成了谜。

生死之事，岂能由人？

"唯见月寒日暖，来煎人寿。"

世人皆是，一眨眼，就耗尽了一生。

不可求，
不可说

八 至[1]

李 冶

至近至远东西[2]，至深至浅清溪。

至高至明日月，至亲至疏[3]夫妻。

---

1 至：最。

2 东西：指东、西两个方向。

3 疏：生疏，不亲近。

秋风因何而起?

故人为何离去?

曾几何时,多少人因年少不可得之物而困其一生?

对于李冶来说,困住她的是爱,因为缺少爱,而寻求爱,可穷尽一生,却终无所得。

雨后,湖畔泛着青烟似的薄雾,一座小小的庭院隐于雾中,一砖一瓦诉不尽思念与沧桑。

李冶病了,卧床多日,从黑夜到白昼,时时忍受着病痛与孤独。

忽然,传来叩门声,她微微蹙眉,会是何人?

她打开门,望见来者,欲语泪先流,轻唤道:"鸿渐!"

这声"鸿渐",将二人的思绪都带回到从前。

陆鸿渐,即陆羽,唐代茶学大家。

"鸿渐!陆鸿渐!"少女黄莺般的声音,婉转清脆,柔和动人。

那年,李冶正是桃李年华,一袭道袍,紧紧地跟在男子身后,追问道:"陆鸿渐,你到底要带我去见何人?"

陆鸿渐笑而不语,偏喜欢看她一副火急火燎的模样。

终于，他们来到一处僧院，茶香袅袅，只见一位僧人缓步走来，那纤尘不染的风姿，那怜悯众生的目光，让她相信这世间果真存在如明月般的人。

陆鸿渐介绍道："这位是皎然，俗姓谢，字清昼。"

皎然，清昼，多么干净的名字。那一刻，她竟忘了该如何行礼，该如何问候。她垂下头，低声道："玉真观，李季兰。"季兰，是她的字。

她这一生都不会忘记，斜日微风，东篱黄花，采茶细煎的陆羽，品茗作诗的皎然，那是她生命中最温暖的时光。

后来，也是她亲手摧毁了这份温暖。她爱上了皎然，菩提树下，木鱼声声，伴着她悄然而至的情，是痴，是妄。

她为皎然写了一首情诗："尺素如残雪，结为双鲤鱼。欲知心里事，看取腹中书。"

是爱，也是孽缘。也许，她可以永远藏着心中的爱慕，可她做不到，她偏要一个结果。这是贪念，一个女道士对一个僧人的贪念，该沉默时不沉默，该舍弃时却难舍。

皎然仅回了她四句诗："天女来相试，将花欲染衣。禅心竟不起，还捧旧花归。"

天女送情，欲染佛衣，可惜，禅心未动，只能将情归还。

后来，她再未见过皎然。

后来，陆羽也去了远方。

故人远去，清茶已凉，从此，玉真观中，只剩下一室月光。

总有新人取代故人，可新人总不如故人。

寄朱放

望水试登山，山高湖又阔。

相思无晓夕，相望经年月。

郁郁山木荣，绵绵野花发。

别后无限情，相逢一时说。

朱放，一个爱慕她的名士，相爱时，浓情蜜意，离别后，杳无音信。他奉召前往江西为官，走得那般匆忙，毫无留恋，只将断肠留给她一人。

后来，她又遇见了阎伯钧。阎伯钧虽情深，却还是忙于奔赴仕途。

送阎二十六赴剡县

流水阊门外，孤舟日复西。

离情遍芳草，无处不萋萋。

妾梦经吴苑，君行到剡溪。

归来重相访，莫学阮郎迷。

桃花落尽，流水无情，终究是辜负了！朱放、韩揆、阎伯钧、萧叔子、刘长卿等文人皆是为她而来，可是，又无一人为她停留。她恍然明白，那种短暂的欢愉不是爱，而是消遣。

来来去去，说再见，难再见，何人眷恋？

何必情深？情深不寿！

她病了，茶饭不思，郁结难舒，时常静坐在轩窗前，望着明月西沉，将旧日的诗篇念了一遍又一遍。

病重以后，也唯有陆羽来此探望她。

湖上卧病喜陆鸿渐至

昔去繁霜月，今来苦雾时。

相逢仍卧病，欲语泪先垂。

强劝陶家酒，还吟谢客诗。

偶然成一醉，此外更何之。

这首诗，记录了他们的这次相逢，那个一生嗜茶的陆羽，竟然陪她饮了一夜的酒。

她醉了，醉时，像个孩子般站在蔷薇花旁，告诉他："你可知我为何出家？六岁那年，我作了一首诗，咏蔷薇，诗曰：'经时未架却，心绪乱纵横。'父亲说，'架却'与'嫁却'谐音，认为此诗不祥，恐我日后成为失行妇人，便将我送入道观，十余年，不闻不问。"

说着说着，她落了泪，哽咽地道："一首诗而已，便将我丢弃，当真可笑！"

这个故事，陆羽并不陌生，她每次醉酒都会讲起，那是困其一生的痛。

他明白这个女子的脆弱，因为缺爱，而渴望爱；因为渴望爱，而追逐爱，一次次，飞蛾扑火，失魂落魄。

陆羽离去前，送给她一本书，道："这是我撰写的《茶经》。"

她细细翻看着，良久，轻声道："九日山僧院，东篱菊也黄。俗人多泛酒，谁解助茶香。"

这是皎然的诗。

陆羽凝望着她憔悴的容颜，叹道："你还未忘了他？"

她苍凉地微笑："如何能忘？"

那是她心底的月光，曾一次次照在她的身上，可惜，她再也无法站在他的身旁……

有的人，此生再难相见。

不过是万丈红尘中的平凡人，怎能不染浮尘？

一个故人散尽的夜，月光清寒，冷风凄凉，她轻声吟着《八至》："至近至远东西，至深至浅清溪。至高至明日月，至亲至疏夫妻。"

她用简单的文字，道出了悲伤的真相。

最近也是最远的，是东西。因为东与西是相对的方位，若是近，可近在咫尺；若是远，可远在天涯。

最深也是最浅的，是清溪。清溪，重在清澈，一目了然，无论深浅，皆可见底。不知其深浅，往往是最危险之事，就像遇见一个人，只观其貌，如何知晓其心？

最高也是最明的，是日月。日月之高，遥不可及；日月之明，世人皆知。

这首诗的前三句，一句比一句浅显，都是为了引出点睛的第四句："至亲至疏夫妻。"

全诗难离一个"情"字。最亲也是最疏的，是夫妻。夫妻本是陌生人，因某种缘分，结为连理。同床而眠之时最是亲密，可若是离心，那便会反目成仇，形同陌路。世事无常，爱恨难分，一往情深固然可贵，但谨记不可深陷其中。

人，并非生来凉薄，所以有人凉薄，不过是将世事看透了。

这一生，所求太多，求到了相见，便想求永远，而真正得到的又太少，少到近在咫尺的爱，都成了卑微的想念。

所幸，无关凉薄，那些往事，都将在岁月中淡忘。

谁闻子夜歌

春日送夫之长安

晁　采

思君远别妾心愁，踏翠[1]江边送画舟。

欲待相看迟此别，只忧红日向西流。

1　踏翠：踏着青草。

大历年间，江南吴郡。

古道深巷，落红铺径，一位身着布衣的尼姑缓缓而行，她手持瓦钵，轻轻地敲响一扇朱门。开门之人是府中小厮，见尼姑是为化缘而来，便邀她入府，静候片刻。

入门后，尼姑望见鱼池边站着一对母女，母亲衣衫华贵，举止优雅，显然是这家的当家主母；女儿正值妙龄，玉面朱唇，不施脂粉，似画中瑶台仙子。

世上真有如此妙人！尼姑观其容貌，惊叹不已。这时，只听少女轻声哼起竹枝小词，清丽婉转，纯净悦耳，宛若幽谷中的黄莺初试啼声。

尼姑赞叹道："此音天下少有！"

那位母亲闻之，笑道："客人谬赞了，这是我的女儿，晁采。"

晁采走到尼姑面前，礼貌地行了一礼，一举一动，堪称绝世风采。

尼姑问："娘子可有小字？"

少女摇摇头："并无小字。"

尼姑道："不知'试莺'二字，如何？"

阳光映照着少女的面庞，只见她眉眼中尽是笑意，道："甚好。"

从此，少女有了一个小字：试莺。后来，这位尼姑云游四海，逢人便夸晁采之貌，因此，江南一带，无人不知其芳名。常有翩翩君子慕名而来，却都被晁母拒之门外，毕竟，书香世家，官眷贵女，岂可轻易得见。

晁采，晁家独女，通晓文墨，天资灵慧，自幼便能吟诗作词。庭前兰花开时，她随口便吟出一首诗："隐于谷里，显于澧浔，贵比于白玉，重匹于黄金，既入燕姬之梦，还鸣宋玉之琴。"

她生于深宅，长于闺阁，恪守礼法，从无半点错处。她唯一见过的少年郎，便是邻家的文茂。二人幼年相识，可谓青梅竹马，两小无猜。云卷云舒，花开花落，转眼间，两个少年便长大成人，古时男女授受不亲，二人为了避嫌，只能不再相见。

一墙之隔，却似天涯之远。痴情男女，又岂能割舍思念？一个雨夜，晁采染了风寒，无力梳妆，消瘦如柳，她拿起一张花笺，写下四句诗："晚来扶病镜台前，无力梳头任鬓偏。消瘦浑如江上柳，东风日日起还眠。"

这是她写下的第一封书信，信中并无相思，仅是闺中愁怨。她也不知为何要写下这些文字，只是那一刻，她忽然很想告诉他：病中，我想你了。

晁采托丫鬟将书信偷偷送给文茂。那个雨夜，文茂也恰好未眠，数点雨声，朦胧淡月，他读着那首诗，读到的是一个女子的思念。

文茂以诗作答："旭日瞳瞳破晓霞，遥知妆罢下芳阶。那能化作桐花凤，一嗅佳人白玉钗。"

他写下的是一个男子的相思。每当旭日东升之时，他便想象着女子妆罢，徐徐走下芳阶，多么希望自己能化作桐花凤，轻嗅佳人的白玉钗。

那夜，晁采冒雨来到庭中池塘，摘下十颗莲子，用秀帕包好，遣丫鬟送给文茂，并写下一张字条："吾怜子也，欲使君知吾心苦耳！"

莲子，有怜子之意。这小小的莲子，苦涩中带着甘甜，正如这段爱情，苦于相思的过程，盼望甘甜的结果。

有一颗莲子落入水池中，过了一段时日，竟长出一株并蒂莲花，同心芙蓉，合欢恩爱。

晁采听闻此事，很是欣喜，花开并蒂，这是好兆头！她急忙找来花笺，写下情诗："花笺制诗寄郎边，鱼雁往还为妾传。并蒂莲开灵鹊报，倩郎早觅卖花船。"

就这样，两人互传诗文，日渐情深。

情到深处，自然也顾不得什么礼法。一个清风朗月的夜晚，文茂越过高墙，来到了晁采的闺房。月下，花影妖娆，绣面芙蓉，她剪断烛花，转身，投入他的怀抱。那是一帘幽梦的春宵，是春风十里的柔情。

所有的克制都在这一刻崩塌。金炉香烬，轻风阵阵，她听见了黄莺的啼叫，嗅到了栀子花香，原来，这便是："芙蓉帐暖度春宵。"

清晨，她剪下一缕青丝，递到文茂手中，郑重地道："好藏青丝，早结白首。"

如此，便算是私许终身了！可是，这种事情，如何能让父母知晓？

只好继续隐瞒下去……

一夜之欢，似美梦，似梦幻。

那些相思之夜，她写下了十八首《子夜歌》。

其 一

侬既剪云鬟，郎亦分丝发。

觅向无人处，绾作同心结。

其 二

夜夜不成寐，拥被啼终夕。

郎不信侬时，但看枕上迹。

其 三

何时得成匹，离恨不复牵。

金针刺蒵莒，夜夜得见莲。

其 四

相逢逐凉候，黄花忽复香。

颦眉腊月露，愁杀未成霜。

其 五

明窗弄玉指，指甲如水晶。

剪之特寄郎，聊当携手行。

其 六

寄语闺中娘，颜色不常好。
含笑对棘实，欢娱须是枣。

其 七

良会终有时，劝郎莫得怒。
姜蘖畏春蚕，要绵须辛苦。

其 八

醉梦幸逢郎，无奈乌哑哑。
中山如有酒，敢借千金价。

其 九

信使无虚日，玉酝寄盈觥。
一年一日雨，底事太多晴。

其 十

绣房拟会郎，四窗日离离。

手自施屏障，恐有女伴窥。

其十一

相思百余日，相见苦无期。
褰裳摘藕花，要莲敢恨池。

其十二

金盆盥素手，焚香诵普门。
来生何所愿，与郎为一身。

其十三

花池多芳水，玉杯挹赠郎。
避人藏袖里，湿却素罗裳。

其十四

感郎金针赠，欲报物俱轻。
一双连素缕，与郎聊定情。

其十五

寒风响枯木，通夕不得卧。

早起遣问郎，昨宵何以过。

其十六

得郎日嗣音，令人不可睹。

熊胆磨作墨，书来字字苦。

其十七

轻巾手自制，颜色烂含桃。

先怀侬袖里，然后约郎腰。

其十八

侬赠绿丝衣，郎遗玉钩子。

即欲系侬心，侬思著郎体。

"侬"，是晁采；"郎"，是文茂。晁采夜夜不成眠，拥被到天明，写下了字字是苦的诗篇，却换不来明日的相见。

如果有一个人愿意向父母坦言，便也不会如此痛苦。可是，他们不敢，不敢承受未知的后果。

最终，晁采相思成疾，整日长吁短叹，茶饭不思。晁母察觉出异样，便询问丫鬟。丫鬟担忧小姐病情，便说出了事情原委。

晁母听后，并未动怒，而是感叹道："才子佳人，本应成双。"

这世间已有太多的离别，又何苦拆散一对有缘人！

次日，晁母托良媒说亲，与文家父母共商婚事，这对有情人，终结伉俪。

第二年，文茂赴京参加会试，春日送别之时，晁采写下送夫诗："思君远别妾心愁，踏翠江边送画舟。欲待相看迟此别，只忧红日向西流。"

我知道，你将去很远的地方，无论多久，无论多远，我都会等着你，愿郎君千岁，愿妾身长健，愿我们，岁岁常相见。

不久，文茂进士及第，授职为淮南道福山县尉。"洞房花烛夜，金榜题名时"，剩下的时光，是岁月静好，是地久天长。

池中，年年花开并蒂；枕边，夜夜佳人相伴，这样的一生，还有什么遗憾？

这个故事过于美好，那个时代，这般美好的结局寥寥无几。

也许，我们早已习惯了悲伤的结局，当读到"一心一意""与子偕老"时，总会产生一丝怀疑。

可是，你要相信总会有人为你而来，你要允许自己被温情治愈。

旧时
繁华梦

泊秦淮

杜　牧

烟[1]笼寒水月笼沙，夜泊秦淮近酒家。

商女不知亡国恨，隔江犹唱后庭花[2]。

1　烟：烟雾。
2　后庭花：即《玉树后庭花》，南朝陈叔宝所作，哀怨绮靡，后人称之为亡国
　　之音。

你听过《玉树后庭花》吗?

那是亡国之音。

南朝后主陈叔宝，自幼为质，留于北朝，锦衣玉食，不知民间疾苦，得还陈国后，又经历九死一生，入主东宫，即位为帝。

初登帝位，他嫌居处简陋，便大兴土木，于光昭殿前起临春、结绮、望仙三阁，阁高数丈，其窗牖、壁带、悬楣、栏槛之类，都以沉檀香木为之，又饰以金玉珠翠，"外施珠帘，内有宝床、宝帐，其服玩之属，瑰奇珍丽，近古所未有"。

此时，正值隋文帝开国之初，文帝欲灭陈国，已派兵南下，屡屡获胜。而陈叔宝却深居高阁，不问朝政，整日与嫔妃游玩会饮，花天酒地。

他亲自创作了一首曲子《玉树后庭花》，曰："丽宇芳林对高阁，新妆艳质本倾城。映户凝娇乍不进，出帷含态笑相迎。妖姬脸似花含露，玉树流光照后庭。"

当战情传入朝廷时，陈叔宝依旧沉迷于酒色，还笑对侍从道："齐兵三来，周师再来，无不摧败。彼何为者邪?"

大臣孔范也附和道："长江天堑，古以为限隔南北，今日虏军岂能飞渡邪?"

所有人都以为隋军不可能攻入陈国，直到数年后，兵临城下，文武百官皆遁，朝堂空无一人，才知国将灭亡，悔之晚矣。

陈国虽亡，可那曲《玉树后庭花》却传唱了百年……

晚唐，某夜，轻烟笼罩寒月，月色照向白沙，杜牧的船停在秦淮河畔，隔江传来女子的歌声，那曲子正是《玉树后庭花》。

商女哪里知道国仇家恨？一首曲子，唱者无心，听者有意。

那时，杜牧初入仕途，对政事颇为关心，耳闻艳曲，无比忧虑。

唐敬宗在位之时，耽于玩乐，年仅十八岁，便被逆阉所弑。而后，另一宦官王守澄挟持江王李涵即位，改名昂，即唐文宗，改年号为"太和"[1]。这位新帝又将如何治理天下？

这位新帝，革奢靡之风，行节俭之事，可惜，虽有帝王之道，却无帝王之才。

公元835年，杜牧三十三岁，被朝廷征为监察御史，于东都洛阳上任。

那一年，杜牧远赴洛阳。

那一年，长安正发生一场腥风血雨的政变，史称"甘露之变"。

新帝即位后，不甘受宦官控制，便与李训、郑注谋划诛杀宦官，夺回皇权。

十一月，唐文宗李昂以观甘露为名，将宦官仇士良等骗至禁卫军的后院，欲斩杀。仇士良等听到兵器碰撞之声，大惊失色，发觉其中

1　太和：又称"大和"。——编者注

蹊跷，与之展开厮杀。

宦官挟持李昂退入内殿，派遣神策军持刀冲出，逢人便杀。当日，皇城之中，血流成河，李训、王涯等朝廷重要官员先后被杀，受株连者一千多人。

政变未成，李昂被宦官软禁于宫中，只能对着宫墙垂柳默默叹息。从此，宦官专权，欺压朝臣，君不君，臣不臣，朝堂内外，皆是污浊之气。

数日间，政变的消息已传遍整个大唐。

洛阳，秋风凄凄，还未入冬，风中已有彻骨的寒凉。

因为这场政变，昔日的友人被贬的被贬，被斩首的斩首，被灭族的灭族。杜牧是幸运的，躲过一劫，至少，他未死于乱刀之下。

可是，他也知道，以后的仕途愈发艰难。

他独自走在洛阳城中，感受着这座古城的荒凉与沧桑，街巷之间，行人稀少，草木飘零。洛阳，已不是诗文中的洛阳。

武则天时期，洛阳繁盛一时，甚至胜过长安，然而，中唐以后，朝堂动乱，藩镇割据，皇帝无心游幸洛阳，此城遂日渐萧条。

故洛阳城有感

一片宫墙当道危，行人为尔去迟迟。

筚圭苑[1]里秋风后，平乐馆前斜日时。

1　筚圭苑：即毕圭苑。——编者注

锢党岂能留汉鼎，清谈空解识胡儿。

千烧万战坤灵死，惨惨终年鸟雀悲。

这是一首怀古诗。前四句，皆是写汉朝洛阳之景。昔日，一片城墙高耸，庄严巍峨；而今，危墙将塌，行人徘徊不前。夕阳斜，秋风冷，曾经热闹的竿圭苑、平乐馆也变得冷冷清清。

汉王朝为何由盛转衰？也是因为朋党之争，宦官乱政。据《后汉书·党锢传》记载，汉桓帝、汉灵帝时期，官僚因反对宦官专权而遭受禁锢，前后延续十几年，众多官员因此被罢官，甚至丧命。汉灵帝幼年，太傅陈蕃与窦武欲灭宦官，事败，百余人被杀。

历史总是惊人地相似，可即便相似，又能如何？终究挽救不了大唐衰落的命运。

长安城，血迹斑斑；洛阳城，终年惨惨。

杜牧的心倦了，冷了，只能站在荒城之中，为古人而哀伤，为今人而惆怅。

后来，杜牧因"牛李党争"而被外放黄州、池州等地。

回首走过的路，满是迷雾，半生潦倒，半生困苦，最后，一事无成。

那些年，走遍二十四桥，望尽天涯明月，竟无一件值得回忆之事，也无一个值得珍惜之人。

遣 怀

落魄江南载酒行，楚腰肠断掌中轻。

十年一觉扬州梦，赢得青楼薄幸名。

　　十年，扬州一梦，他得到了什么？只赢得一个"薄情负心"的名声。无论江湖，还是朝堂，世人只记得他的放浪、风流、落寞。

　　有些事情，不堪回首，却永刻于心，伴随着他的余生，让他痛苦，让他消沉。

　　他又能如何呢？

　　他不过是一片浮萍，生死、前途、命运，从来由不得自己。从始至终，他都活在自己编织的南柯梦里，不断颓废，不断悔恨。

　　人间之事，最恨的是无可奈何，最痛的是无能为力。

相见时难
别亦难

无　题

李商隐

相见时难别亦难，东风[1]无力百花残。

春蚕到死丝[2]方尽，蜡炬成灰泪[3]始干。

晓镜但愁云鬓改[4]，夜吟应觉月光寒。

蓬山此去无多路，青鸟[5]殷勤为探看。

1　东风：春风。
2　丝：与"思"谐音双关，暗含相思之意。
3　泪：指蜡油。
4　晓镜：清晨照镜子。云鬓改：喻指年华老去。
5　青鸟：古代神话传说中传递信息的仙鸟，是西王母的使者。

无题，是不便道出的爱。

我想，诗人定是深爱过一位女子，爱得入骨，爱得卑微。

这是一段传闻，不知真假。

那一年，李商隐被家人送往玉阳山修习道术，于灵都观中邂逅了宋华阳。

情窦初开时，二人虽穿着一袭道袍，心中却泛起丝丝涟漪。

他问："你因何修道？"

她道："我本是宫内侍候公主的宫女，因随玉真公主入道，便做了女冠。"

其实，她根本不懂"道"，抛去身份不谈，她只是一个正值桃李年华的女子。

他们相爱了，是清规不容的爱，是永无结果的爱。而这种连见面都奢侈的爱，要如何坚持？

青灯之下，声声经文，念的是见素抱朴，盼的是朝朝暮暮。

月夜重寄宋华阳姊妹

偷桃窃药事难兼，十二城中锁彩蟾。

应共三英同夜赏，玉楼仍是水精帘。

赠华阳宋真人兼寄清都刘先生

沦谪千年别帝宸，至今犹谢蕊珠人。

但惊茅许同仙籍，不道刘卢是世亲。

玉检赐书迷凤篆，金华归驾冷龙鳞。

不因杖屦逢周史，徐甲何曾有此身。

这两首诗，可以证明他们的确交情匪浅。

有些爱，藏于人海，多少人坠入苦海，挣扎其中，不敢言，不敢念，只将相思寄明月，又渴望明月照人间。

只是，这段恋情终究瞒不住世人，随着宋华阳身怀六甲，那些隐藏的情事被公之于众。

故事的结局总是那么悲伤，宋华阳被强行送走，不知所终，而李商隐也被赶下了山。从此，二人再未相见。

后来，他写下一首首《无题》，隐去其题，以诗记情。那些朦胧又深情的诗句，皆是他的回忆。

无　题

相见时难别亦难，东风无力百花残。

春蚕到死丝方尽，蜡炬成灰泪始干。

晓镜但愁云鬓改，夜吟应觉月光寒。

蓬山此去无多路，青鸟殷勤为探看。

暮春，他望见满地落花，又想起那个女子。

因为某种原因，一对有情人难以相见，故而才感叹："相见时难别亦难。"

难，世事皆难，相见时难，离别更难，何况在这东风无力、百花凋谢的时节。一人之力这样渺小，如何留住短暂的春光？如何弥补爱人的遗憾？

世间之事，太多无可奈何，任由花落，任由离散，唯一的坚持便是思念。

"春蚕到死丝方尽，蜡炬成灰泪始干。"这条路，明知是痛苦，是悲哀，还是固执地走下去，虽知此生无缘，却至死迷恋。这思念永不停息，直到生命的最后一刻。春蚕结茧到死，才将丝吐尽；蜡烛燃烧成灰，像泪一般的蜡油才能滴干。爱，至死不渝。

清晨，对镜梳妆，担忧云鬓斑白，容颜憔悴。长夜漫漫，独自吟诗，才感到明月甚寒。夜间，因爱而不得而憔悴难眠；清晨，又为面容憔悴而愁苦不堪，如此反复，如此循环，心中惆怅，如何排遣？

她去的地方，如蓬山般遥远。

于是，他只能默默想着：有一位青鸟使者，殷勤地为我去探看。

绝望中生出的希望，也不过是沉浸于神话中的幻想。可是，这一丝幻想，何尝不是一种反抗？他在等待，等待着峰回路转，等待着破镜重圆。

无　题

来是空言去绝踪，月斜楼上五更钟。
梦为远别啼难唤，书被催成墨未浓。
蜡照半笼金翡翠，麝熏微度绣芙蓉。
刘郎已恨蓬山远，更隔蓬山一万重！

她曾说的相会，终成了空话，此去之后，再无踪影。留下的人，等到残月西斜，等到五更晓钟，也等不来一次相见。

梦里，为远别啼泣，久难唤醒；醒后，墨还未浓，便要修书寄远。

残烛之光半照着翡翠帷帐，芙蓉褥上还依稀留着兰麝的香气。那样熟悉，那样温暖，竟分不清是梦境还是现实。那残香，那烛火，因故人的离去，而显得格外孤独。

"刘郎已恨蓬山远"，相传东汉时期，刘晨和阮肇入天台山采药，为仙女所邀，留半年，求归，抵家时子孙已七世。

当年，刘郎所去的仙山，何其之远。而爱人所去的地方，要比蓬山更隔万重山岭。

无　题

飒飒东风细雨来，芙蓉塘外有轻雷。

金蟾啮锁烧香入，玉虎牵丝汲井回。

贾氏窥帘韩掾少，宓妃留枕魏王才。

春心莫共花争发，一寸相思一寸灰！

东风飒飒，细雨蒙蒙，芙蓉塘外传来声声轻雷。

女子将一枚香缓缓放入蟾状香炉，等待着袅袅香气，等待着故人入梦。这间居室清净幽寂，只有一人独守，锁春光，相思长。

"贾氏窥帘韩掾少"，这里是指贾充女与韩寿的故事。据《世说新语·惑溺篇》记载，韩寿是三国时期司徒韩暨的曾孙，年少风流，相貌俊秀，贾充聘他做属官。每次会集宾客，贾充之女便于帘后窥视韩寿，二人互生爱慕，遂暗中幽会。之后，她将皇帝所赐的西域异香送给韩寿。贾充会见下属时，发觉有异香，便怀疑韩寿与女儿私通，后将女儿嫁给韩寿为妻。

"宓妃留枕魏王才"，这里是指曹植与甄宓之情事。唐代李善在《昭明文选》的注解中讲了一个故事：最初，曹植想娶甄宓为妻，曹操却将她许给曹丕。甄宓死后，曹植入朝见曹丕，曹丕拿出甄宓的金缕玉带枕递给曹植。曹植睹物思人，后离京返回封城，途经洛水，梦见甄宓对他道："我本托心君王，其心不遂。此枕是我在家时从嫁，前与五官中郎将（曹丕），今与君王。"

无论是"贾氏窥帘"，还是"宓妃留枕"，都是冲破世俗的爱情，都是埋藏心底的秘密。

可是，那样美好的爱情，诗人却再难拥有。

"一寸相思一寸灰"，寸寸相思，化为灰烬。爱人的相思之情就是这样在漫长的等待中，逐渐消耗、摧毁。

李商隐的爱，也是这般成了灰烬。没有结果，才是最可怕的结果。

最后，他还是放弃了，不再等待，不再停留，只留下几首《无题》，告诉自己：年少时曾爱过，曾等过。

谁年少时没有遗憾呢？那遗憾，或是随着岁月而淡忘，或是随着回忆而深刻。那遗憾，终究难平。

你是否也这般爱过一个人？人海中匆匆相见，从此，一眼万年，是暧昧，是欲望，是贪欢，便这般沦陷。你甘愿成为一个影子，告诉他："爱你，直到海枯石烂。"

这样的人，你可曾遇见？如今，他可在你的身边？

我曾遇到过一人，会贪恋他的容貌，也会痴迷他的温柔，只是，相见太难，离去又不甘。这一世，执着，难舍。

《妙色王求法偈》中言："一切恩爱会、无常难得久、生世多畏惧、命危于晨露，由爱故生忧，由爱故生怖，若离于爱者，无忧亦无怖。"

若无爱，便无恨，如此，没有恐惧，也没有眷恋。

爱一个人，何其难；不爱一个人，亦是难。

当时只道是寻常

锦 瑟

李商隐

锦瑟无端[1]五十弦，一弦一柱[2]思华年。

庄生晓梦迷蝴蝶，望帝春心托杜鹃[3]。

沧海月明珠有泪[4]，蓝田[5]日暖玉生烟。

此情可待[6]成追忆，只是当时已惘然。

---

1 无端：没有来由，无缘无故。
2 柱：乐器上面用以支撑琴弦的木柱，也叫"码子"。
3 杜鹃：即杜鹃鸟，又名子规、杜宇。
4 珠有泪：张华《博物志》："南海外有鲛人，水居如鱼，不废绩织，其眼泣则能出珠。"
5 蓝田：山名，产玉，在今陕西蓝田县。
6 可待：岂待，哪里等到。

你期盼过花开吗？

那一刻，时光仿佛都慢了下来。一个人，守着花苞，静静地等待，何其惬意，何其清欢。

遇到李商隐后，王晏媄才知道，原来，期盼爱情和期盼花开的心情那般相似，一样的美好，一样的纯粹。

王晏媄，生于官宦之家，父亲王茂元任泾原节度使，自幼家中富足，有先生授课，有长辈指点，豆蔻年华，便已是嘉言善行，蕙质兰心。

闲暇之时，她总爱望着花架上的蔷薇，在花未开时，期待一场盛放。

那年春，女子期待的花终于开了，芳香满园，锦绣成堆，红如胭脂，白如暮雪，她细细地数着花儿，微风拂过花瓣，似心灵的跳动。

这时，只听有人问："孤芳怎可自赏？不知姑娘可愿赠在下一枝？"

王晏媄打量着眼前之人，只见男子衣衫简朴，眉宇清秀，手握一把折扇，扇面绘的是落日青山，观其外貌，便知是读书人。

她随手折下一枝蔷薇，缓缓递给他，并问："公子是家父的客人？"

他笑道："在下李商隐，字义山，是王将军聘请的幕僚。"

李商隐，李义山。她的手微微一颤，这个名字，她曾听说过，在许多诗文的落款处，在闺中好友的谈论中……好一位风流才子李义山！

"多谢姑娘赠花。"他深揖一礼，然后，退出了庭院。

之后，二人偶有相逢，都是在宴席之上，烛火映面，丝竹奏响，他端起酒盏，隔着宾客，遥遥地敬她一杯。

她承认，他的确与众不同，可是，她不能爱他，绝不能……

王晏媄开始躲着他，凡是有他的地方，她总是刻意回避，可即便这样，两人还是相遇了。

红楼处，隔雨相望，他撑着油纸伞，慢慢走上前，目光是从未有过的认真。他告诉她："王将军有意将你许配给我。"

她微微一怔："公子为何同我说这些？"

他道："你若是不愿意，我可以回绝他。"

她愿意，可她也有担忧。

他又问："你愿意吗？"

她冷冷地摇头："不愿。"

他还未放弃："如果，我一定要娶你呢？"

她诧异地看向他："公子不要前程了吗？"

这就是她的担忧：一桩看似美满的姻缘，日后，却必会背负痛苦。

这场婚事会让李商隐卷入"牛李党争"。所谓的"牛李党争"，最初源于一次科考，"牛"指牛僧孺、李宗闵等，"李"指李德裕、郑覃等。

唐宪宗在位时，朝廷举行科举选拔人才，牛僧孺、李宗闵在考卷中批判朝政之弊，考官认为这二人符合条件，便将他们推荐给宪宗。此事传到宰相李吉甫（李德裕的父亲）耳中，他却认为二人批评朝政，对其不利，便诬陷他们与考官私交甚密。宪宗信以为真，便将考官降职，也没有再提拔牛僧孺、李宗闵。此事一出，引起朝野哗然，大臣们纷纷为牛僧孺等人鸣不平，宪宗迫于压力，只好将李吉甫贬为淮南节度使。

牛僧孺入朝任职后，与李吉甫之子李德裕明争暗斗，朝臣逐渐分成牛、李两党，互相排斥，派系斗争持续了近四十年。李商隐的恩师令狐楚恰好是"牛党"，而王茂元与李德裕交好，被视为"李党"。若李商隐娶王晏媄为妻，那必将被世人唾骂，至于前程，也会因此受到牵连。

爱情、前程，孰轻孰重？大多数人都会选择前程，可李商隐却偏偏选了爱情。那日，凉风细雨，落花沾衣，他坚定地说："我不要前程，只要你。"

"金风玉露一相逢，便胜却人间无数。"

爱情，从来都不问结果。

就这样，那个"五岁诵经书，七岁弄笔砚"的文坛骄子，陷入党争乱局，付出了一生的代价。那些年，李商隐四处奔波，与妻子聚少离多。

王晏媄独居家中，默默等待夫君归来，就像等待着花开。

总觉得，人生漫长，所谓幸福，来日方长，却不知，车马迟迟，一旦别离，便无来日。

公元851年，春夏时节，王晏媄病重，此时，李商隐远在千里之外，等他回到家中，妻子已经亡故，唯剩一袭素缟，浮云无依。

庭前的蔷薇花又结了花苞，只是，再也无人于花前慢抚琴弦。一念花开，一念花落，无人期盼。

忆往昔，春日别离，含泪相语，满眼悲辛。

谁曾想到，归来再也不能相见。屋内，锦瑟长存，可弦音已休，何人再弹？

蔷薇残香，弹指韶光过，晚年，他写下数行诗句："锦瑟无端五十弦，一弦一柱思华年。庄生晓梦迷蝴蝶，望帝春心托杜鹃。沧海月明珠有泪，蓝田日暖玉生烟。此情可待成追忆，只是当时已惘然。"

瑟，是一种弦乐器。现在所用的瑟有二十五根弦和十六根弦两种。诗中的"五十弦"是托古之词。诗人之瑟，无端五十弦，一弦一柱，都让他追忆着逝去的青春年华。

"庄生晓梦迷蝴蝶"，庄周曾梦见自己化身为蝶，梦醒，不知是庄周之梦为蝴蝶，还是蝴蝶之梦为庄周。

"望帝春心托杜鹃"，周朝末年，蜀地有位君主，名为杜宇，国亡身死，死后化为鸟，春日啼血，其声哀怨，名为杜鹃。

诗人的梦中，一定是佳人拨弦，悲凄难言，听之，如闻杜鹃啼血，愁绝而伤神。

沧海月明，鲛泪可化珠；蓝田日暖，良玉可生烟。他夜夜执念，却看不见旧时红颜。

此情此景，为何现在才追忆？只因当时以为一切都是寻常，茫然无知，以致如今悔恨无穷。

后来，满架蔷薇俱凋零，伴着月色流光，长眠于人间。

难求有情郎

赠邻女

鱼玄机

羞日遮罗袖，愁春懒起妆。

易求无价宝，难得有心[1]郎。

枕上潜垂泪，花间暗断肠。

自能窥宋玉[2]，何必恨王昌[3]？

1　心：一作"情"。
2　宋玉：战国时辞赋家，才貌双全。
3　王昌：出自南朝乐府《河中之水歌》，诗歌中常与宋玉相对，代指意中之人。
　　此处是以王昌喻指李亿。

长安，咸宜观，香客络绎不绝，或是许愿，或是还愿，三清像前，总有世人诉不完的苦楚。

唯有一个女子，什么也不跪，什么也不求，绕过大殿，走进后院的寒室，轻叩木门，低声问："练师可在？"

屋内之人简单地回了一个字："在。"

随后，木门缓缓打开，开门之人是一位女道士，身着道袍，手执拂尘，眉宇之间似有一丝忧愁。

女道士望着眼前的女子，无奈地叹道："是你啊！你怎么又来了？"

闻言，女子泪眼蒙眬，声音也带着几分哽咽："他已经几日不同我说话了，你说，他是不是有了新人？若他从此弃了我，我该如何？"

这已经不是女子第一次来道观了，每每来访，总是哭哭啼啼，满腹委屈。还记得初见之时，她不知从哪里听说了"道士诗人"的故事，竟找到了这里，哭诉着自己的情事。末了，她恳求道："长安城那么多男子都爱慕你，想必你是有城府、有手段的，我若能学到一二，还愁寻不到真心之人？"

有城府、有手段，这是大多数女子对她的评价，不知是褒，还是贬。总之，她的门前从不缺谩骂声，也从不少风流客。不过，像这般前来寻求指点的，女子还是第一个。就这样，这位邻家女子成了道观的常客，若是遇了难事，便来求解；若是遇了喜事，便来品茶。日子久了，二人虽不算是伯牙子期，却也是无话不谈的良友。

这一次，女道士听完她的困惑，沉思良久，提笔写下一首诗："羞日遮罗袖，愁春懒起妆。易求无价宝，难得有心郎。枕上潜垂泪，花间暗断肠。自能窥宋玉，何必恨王昌？"

邻家有女，白日以衣袖遮面，春日惆怅，懒得梳妆。为何如此？只因世间易得无价之宝，却难得一位有情郎君。为此，她夜夜枕上垂泪，花间断肠思量。以她的美貌，便是宋玉那般的才子也能求得，何必去怨恨王昌这般的人呢？

写罢，女道士将诗递给邻女，并道："以后，你不必来了。"

邻女不解："为何？"

女道士苦笑道："我帮不了你。"

"为何不能帮我？你可是……"邻女顿了顿，声音提高了几分，"你可是鱼幼微啊！"

鱼幼微，好陌生的名字，已经许久未有人这般唤她了。可惜，鱼幼微早就"死"了，如今，她是鱼玄机。

玄机，参不透的玄机。

那日，鱼玄机捧着一摞泛黄的书信，放到邻女面前，一张张展开，再一张张撕碎。她平静地道："我写了多少诗，寄了多少书，可他呢？他回来了吗？你让我度你，我尚且不能自度，又如何度人？"

她口中的"他"，是李亿。

人间乍暖，她与母亲还住在长安城的穷街陋巷，那时候，她的名字还叫鱼幼微，如此善良，如此单纯，哪怕生活窘迫，她也未曾放弃诗书。

一日，名满京城的诗人温庭筠找到她，让她以"江边柳"为题，赋诗一首。她随手折下一枝细柳，吟道："翠色连荒岸，烟姿入远楼。影铺秋水面，花落钓人头。根老藏鱼窟，枝低系客舟。萧萧风雨夜，惊梦复添愁。"

温庭筠当即收她为徒，带她游历，教她读书，不知不觉间，她竟对他生出了爱意。

他何尝没有察觉？只是，他不能不顾及世俗的目光，更不能误了一个女子的青春。所以，他亲自为她选了一位良人——李亿。

本以为这会是一段金玉良缘，却不曾想到，李亿的原配夫人裴氏善妒凶悍，逼李亿写下休书，将鱼幼微逐出家门。李亿惧内，无奈之下，只能将鱼幼微安置在咸宜观，改名鱼玄机。

初时，她还期待着重逢之日。可是，花开花落，岁岁年年，故人终不见。

"情"之一字，困了几人心？所念之人，远隔山海；所爱之人，永无归期，她等了一岁又一岁，只等来了虚妄。

谁是她的救赎？她又是谁的渴望？许多事情，看淡了，便不再执着，唯有万念俱灰，方能拥抱自由。一夕之间，她所有的良善、信仰、深情荡然无存，从此，她以风雅为名，行风月之事，于道观中寻欢作乐，夜夜笙歌。

后来，她发现侍女绿翘与自己的情郎陈韪竟有私情，一怒之下，

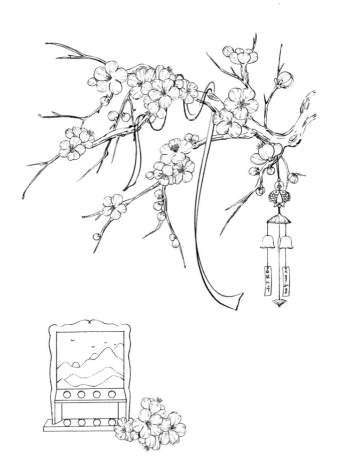

失手打死绿翘，并匆忙把其埋于庭院。来往的客人见蝇虫聚于浮土之上，心生疑惑，便报了官。

按照《唐律疏议》规定："诸奴婢有罪，其主不请官司而杀者，杖一百。无罪而杀者，徒一年。"

无论绿翘有罪无罪，依照当时的法律，鱼玄机都罪不至死。

只是，这桩案子影响太大，一时间传遍京都，上至王孙贵胄，下至寒门书生，凡是她的座上之宾，皆为其求情。

不过，有多少人仰慕她，便有多少人嫉妒她；有多少人要她生，便有多少人要她死。她的才华，她的魅惑，她的风流，在某些人眼中，本就是一种罪。因为她是特别的，所以，她必须死。

此案甚是棘手，京兆尹温璋不敢判，只能请皇帝亲自判决。

也许因为舆情，也许因为立威，皇帝竟不顾唐律规定，判鱼玄机斩刑。

她最后的日子是在阴冷的牢狱中度过的，那是阳光照不进的地方，是暖风吹不及的深渊，那里的人不知年月，不晓时辰，只是静静地等待着，等待着救赎，等待着死亡。

她也不例外。她独自坐在角落，还是那般优雅，似沾染着尘埃的玫瑰，似落入泥潭的芙蓉。

直到温璋走到她面前，低声道："鱼玄机，判至秋问斩。"

她如此聪慧，早已料到了这样的结局，所以，绿翘死后，她宁愿埋尸，也不愿报官。

她低声笑了笑，那笑声很是苍凉，像是孤栖的雁，像是寥落的星。

没有恐惧，没有落泪，她轻轻地拾起一根干枯的树枝，在地上写了两行诗，念着："玲珑骰子安红豆，入骨相思知不知？"

　　这是温庭筠的诗。

　　不知为何，这几日她总会想到这位恩师。当年，他收她为徒，传道授业，指点诗文，对她寄予厚望，可她，却堕落成魔，回头无岸。那时候，明明有无数种选择，她却选择了最黑暗的路，去索取爱，去玩弄爱，去践踏爱，以此填补内心的不甘与落寞。

　　她曾是那么美好的女子，爱憎分明，热情勇敢，为何竟走到如此绝境？是爱，是爱让她迷恋，让她疯魔。

　　万事有因，必有果。今日之结局，何尝不是上苍的惩罚？不，应该是上苍的怜悯，怜她偏执，怜她恨世，怜她自负，便让她早早离开人间，了结痛苦。

　　那年秋，瑟瑟北风，甚是凄凉。

　　刑场之上，那些曾经爱她的、恨她的、怨她的，皆来目睹她的死亡。

　　人群中，鱼玄机望见了那位邻家女。

　　不知道她后来怎么样了，有没有遇见有情郎？若遇见了，可有长留在那人心上？但愿不是春闺梦一场。

　　秋风起，是微微的凉，是浅浅的伤。

　　怎么会没有遗憾呢？遗憾的是再也望不见的月光，再也道不出的思念。

　　罢了，罢了……

　　在秋风中凋零，在落叶中归去，从此聚散，与她无关。

梦断长安

秦妇吟¹

韦　庄

中和癸卯²春三月，洛阳城外花如雪。

东西南北路人绝，绿杨悄悄香尘³灭。

路旁忽见如花人，独向绿杨阴下歇。

凤侧鸾欹⁴鬓脚斜，红攒黛敛眉心折。

借问女郎何处来？含嚬欲语声先咽。

回头敛袂⁵谢行人，丧乱漂沦⁶何堪说！

三年陷贼留秦地，依稀记得秦中事。

君能为妾解金鞍，妾亦与君停玉趾。

前年庚子⁷腊月五，正闭金笼教鹦鹉。

斜开鸾镜懒梳头，闲凭雕栏慵不语。

1　《秦妇吟》是韦庄创作的一首长篇叙事诗，此处仅节选部分诗文。

2　中和癸卯：即唐僖宗中和三年（883）。

3　香尘：泛指路上行人踏起的尘土。

4　凤侧鸾欹（qī）：形容女子头饰颠倒不整。

5　敛袂（mèi）：整理衣袖，表示敬意。柳宗元《游南亭夜还叙志七十韵》："敛
　　袂戒还徒，善游矜所操。"

6　漂沦：漂泊沦落。白居易《琵琶行》序："今漂沦憔悴，转徙于江湖间。"

7　前年庚子：即唐僖宗广明元年（880）。

长安，鲜血染红了天街，锦绣烧成了灰烬。

那里已不是京华，而是人间炼狱。

唐朝末年，社会动荡不安，为官者不仁，农民纷纷起义。最初，王仙芝在濮州（今河南濮阳范县濮城镇）起义，而后黄巢召集数千人发动起义，响应王仙芝。

中和元年（881），黄巢起义军攻入长安。入城后，军纪严明，原唐朝官员四品以下留用，余者罢之。但不久，其部属暴露本性，烧杀抢掠，无恶不作。

战争，何其残酷；百姓，何其可怜。

此时，韦庄因应举羁留长安，陷于战乱，与弟妹失散。他亲历了那段灾祸岁月，从此，只记得那断壁残垣，那公卿白骨。

长安，再无盛世。

第二年，他离开了长安，一路上，兵荒马乱，百姓流离，所见皆是血泪，所闻皆是哀号，所想皆是家国。

他于东都洛阳创作了长诗《秦妇吟》，诗中所写是山河破碎后，苟且求生的千千万万百姓的缩影。

那些活下来的人，只能带着悲伤，惶惶前行，一路祈祷，一路盼望。

中和癸卯年（883），阳春三月，洛阳城外，杨花如雪。

乱世也有春光，只是纵有万紫千红，也无人静心观赏。"东西南北路人绝"，那条路，已不见行人，故而，绿杨之下，也无尘土飞扬。

忽然，诗人看见杨树下有一位女子在歇脚，细细观之，只见她头发松散，鬓角不整，眉心紧锁，神色悲伤。

他问："姑娘因何而来？"

女子欲语，声先哽咽，良久，才回头道："因兵乱流落至此。"

他又问："如今，长安如何？"

她说，长安城已沦陷三年，妾依稀记得长安之事，如果君愿为妾解鞍下马，妾也愿为君停留讲述。

于是，他下马，听女子说起那段经历。

往事从何讲起？便从前年庚子腊月初五讲起吧！

那日清晨，闺房内，鸾镜斜开，懒起梳妆，她闲来无事，独自凭栏，教金笼中的鹦鹉说话。

多么慵懒的清晨，多么惬意的生活，一切只是寻常。谁料，门外忽然扬起尘土，街上有人擂鼓，那声音响彻云霄，听得人胆战心惊，坐立不安。

百姓们都仓皇地走出门，上朝归来的官员纷纷赶回家，他们似乎得到了什么消息，却又不敢认定消息是否准确。

这时，西边有位军官入城，欲调到潼关担任警备。同时，众人皆言：京都禁卫军已抵御了敌人，敌人一时不会攻入城。

谁知她家中主父骑马奔回，下马入门，失魂落魄，恍恍惚惚，道：

"我见皇帝已逃出京都，敌军已入城，白旗遍地皆是。"

顿时，城中一片混乱，"扶羸携幼竟相呼，上屋缘墙不知次。南邻走入北邻藏，东邻走向西邻避"。

人们扶老携幼，相互呼唤，或是上屋，或是翻墙，手足无措，东躲西藏。

门外，兵荒马乱，四处逃窜，如奔走之兽，车轮轰轰，如万马奔腾之声。

长安城的十二官街已是火光冲天，浓烟滚滚。

夕阳西下寒光白，上苍无言空凝视，昏天黑地，不见天日，阴云密布，流星如血，这都是灾难之象。

皇帝逃出京城，何人庇佑长安？

无论朱门，还是布衣，家家户户，尽显悲凉，哀声动地。

"舞伎歌姬尽暗捐"，伶人尽相抛；"婴儿稚女皆生弃"，小孩皆被遗弃。

东邻有女，蛾眉新画，倾国倾城，竟被敌军掳掠而去，回首香闺，泪流满面。她被逼着学习缝军旗、骑马，有时候，于马上见到昔日的丈夫，虽近在咫尺，却不敢回眸，只能空流泪水。

西邻有女，仙姿玉貌，目若秋水，妆成只对镜中赏，年幼不闻门外事。突然，一个敌军跳上她家台阶，企图玷污她的清白。她因不肯受辱，不肯出门，竟魂断贼人刀下。

南邻女子，不知其姓，是昨日刚娶入门的新妇，在琉璃阶上行走，轻细无声，在翡翠帘间，只见其影，那么端庄，那么娴静。这样的人，于庭院的刀光剑影中，顷刻间身首分离，香消玉殒。她的姐妹掩面痛哭，一同跳入井中。

北邻女子，卸掉钗环，洗去胭脂，正准备逃走，突然，敌军敲击高门，情急之中，她爬上重屋。须臾，火光四起，她想要下去，但楼梯已被烧毁。只听烟火之中，有人大声求救，可惜为时已晚，最终，她悬于梁上，被烧成灰烬。

这是战乱之中长安女子的遭遇，或是苟活，或是惨死。那么，秦妇的经历又是如何？

她道："妾幸而未被杀，但被敌军胁迫，不敢踟蹰，只能旋梳蝉鬓，强颜欢笑，跟随贼人而去。从此以后，旧里不得归，六亲无处寻。"

她于黄巢贼营之中，苦苦煎熬了三年，终日心惊胆战。

那究竟是怎样的日子？"夜卧千重剑戟围"，夜里，睡在冰冷的剑戟之中；"朝餐一味人肝脍"，白日，吃的是被杀之人的心肝。

她虽然夜夜与贼人同床共枕，却何来欢爱？金银宝物虽多，却皆不是她所爱。

那人蓬头垢面，一副赤眉贼的模样，几转横波，总也看不顺眼。

这些黄巢军士衣着不整，语言各异，其中立过功勋的人，脸上都有刺字。

柏台、兰省的官员，尽是狐精、鼠魅之流。有的人，还是短发，便已戴上华簪；有的人，不脱朝服，便裹被睡觉。做三公的人，时常拿反朝笏；做两史的人，时常将金鱼符挂颠倒。这些人，早晨去朝堂奏事，晚上去酒市酤酒。

城不像城，像是地狱；官不像官，像是妖魔。

一日，黎明之时，城里百姓忽而惊醒，或是高声叫喊，或是窃窃私语。

原来，昨夜有探子进入皇城，报告道："官军已收复赤水镇。"

李唐官军一直在派兵镇压黄巢乱军，这给长安百姓带去了希望。赤水镇距长安仅有一百多里，若官军早晨出发，那么晚上便可抵达长安。

听到此信，城中凶徒们都暗暗吞声，被他们霸占的女子们则偷偷欢喜。

众人皆言："这些妖徒今日必死无疑。"

过了一会儿，有人骑马传来消息，道："官军已入城。"

黄巢部下的将军大彭、小彭相顾担忧，黄巢和其兄弟抱鞍哭泣。

只是，转眼数日，毫无消息，人们以为黄巢已向官军投降，谁知他们又挥旗舞剑，归来后，高喊道："官军悉战败。"

不过，官军虽退出长安，但已将长安四面包围，阻断了黄巢的粮草。

城中，米价飞涨，一斗黄金，一斗粟。

《旧唐书·黄巢传》记载："时京畿百姓皆寨于山谷，累年废耕耘。贼坐空城，赋输无入，谷食腾踊。米斗三四千。官军皆执山寨百姓鬻于贼，人获数十万。"

无米可食，便只能食人。"尚让厨中食木皮，黄巢机上刲人肉。"尚让家的厨房里只有树皮可食，黄巢的桌上唯有割下的人肉。

沟壑为何渐平？因为埋葬的都是饿殍。

六军于门外倚着僵尸，营中也满是饿死的人。长安城陷入一片死寂，还剩下什么呢？只有废市、荒街、麦苗。

杏园中的花木，已被人砍尽；御沟旁的杨柳，也被人伐光。"华轩绣毂皆销散，甲第朱门无一半。"含元殿中狐兔横行，花萼楼前荆棘丛生。总之，昔日的繁盛皆已消失，举目荒凉，不见旧物。

更可悲的是，皇宫内库所贮藏的锦绣珍宝，皆已烧成灰烬；在天街行走，脚下所踏尽是公卿贵族的骸骨。

那天，晨时，秦妇走出东门，只见城外的景象宛如塞上。

路旁，常有军人巡逻；坡下，再无迎送客人。东望霸陵，不见人烟；骊山之上，金殿已灭。从前的道路，俱成荆棘丛林，若是行人夜宿，只能睡在断墙之下。

次日，她到达三峰路，此处原有百万人家，现在竟无一户有人。

村庄寥落，田园荒废，竹树无主。

她问神明："人间为何如此悲惨？"

神明道："我比你还忧愁，简直无话可说。庙前古柏残败，殿上金炉积尘，自黄巢起兵以来，山河沦陷，天地晦暝，风雨飘摇。案前的神水符咒已不灵验，壁画上的阴兵阴将也无神通。平日，受人供奉；危时，不助神力，吾身为神，心感惭愧，只能避于深山之中。现在庙无箫管之声，筵无三牲祭品，我只能派魔鬼去乡村残害生灵，度过朝夕。"

闻言，女子愈加忧愁，原来，"天遣时灾"，神与人都束手无策。神明都要于山中避难，何必谴责手握重兵的诸侯？

万般皆无奈，半点不由人。此处，诗人借神明之口，道出掌权者的懦弱、苦楚与矛盾，他们自身尚且难保，又如何拯救天下万民？

接着，秦妇走出潼关，举目望去，便看见了荆山。

那一刻，如从地狱来到人间，顿觉天地清闲，一片太平。陕州主帅忠贞爱国，不动干戈，一心守城。蒲津主帅能约束士兵，千里晏然，不闻犬吠之声。

在那里，朝可携带珍宝，暮可头戴金钗，孤身独行，无人抢夺。

后来，秦妇又到了新安东郊，因感口渴，路上讨水，遇到一位老翁。

老翁面色苍苍，躲藏于芦花中。她问老翁："你来自何处？为何露宿荒野？"

老翁起身欲回话，却又坐下，仰天痛哭，道："我是本地人，岁岁耕桑，家有良田二百廛，每年缴税三千万，家中小姑会织绸制衣，中年妇人能做红黍饭。家中本有粮仓千间，储粮万箱。黄巢军队过后，犹剩一半。自从李唐官军来到洛阳，巡兵日夜入村坞，或是拔剑，或是舞旗，似旋风般下马入门，将家中一抢而光。家财既尽，骨肉分离，可怜我垂暮之年，孤苦无依。我一人受苦何足嗟，山中更有千万人家受苦，皆是朝饥寻蓬子，霜夜卧荻花。"

她听着老翁的话，泪落如雨，再次出门，唯见枭鸣。她本想往东去，又不知到何处是好。

听说，去往开封的路，舟车已绝。

又听说，彭城内乱，自相残杀。

大唐，到底哪里还有净土？野外荒凉，都是战士的亡魂；河水流淌，半是冤者的鲜血。

恰好，有客从金陵而来，说："江南的景况，大有不同。"

自贼寇侵犯中原，戎马不曾至四鄙，江南倒是太平无事。那里的主帅似有神功，诛锄窃盗，爱民如子，城池固若金汤，赋税如云送去军垒。

四海乱得如洪水滔滔时，独有江南一境平坦如砥。而她，本是京都之人，今漂泊异乡，因渴望安定，而羡做江南之鬼。

江南，或许无战乱，可流离之人，却再也回不到旧时的长安。

秦妇的故事讲完了，最后，她对诗人道："愿君举棹东复东，咏此长歌献相公。"

请您赶快乘船东去，将这首长诗献给江南的相公。

这个故事很长，是天下百姓苦难的缩影。

后来，秦妇去了何处？她可去了江南？那荒郊上，那屋舍下，是否也有人谈起昔日长安？那些流亡的百姓，是否会梦到旧时长安？

那暖风拂过的杨柳，那明月照耀的楼台，那桃花盛开的长街，那落英缤纷的骊山，那无数文人热爱的长安，一夕之间，忽而毁灭。长安，成了纸上的长安，成了梦里的长安。

如果大唐没有长安，便不是大唐了。

许多年后，韦庄乘船沿运河到达扬州，他得知，江南局势也并不稳。

所以，到底何处才能一世长安？

原来，从来没有长安。

那个时代，已经结束了……

图书在版编目（CIP）数据

人生得意须尽欢：唐朝诗人的乐游人生 / 徐若央著.
— 成都：天地出版社，2024.2
ISBN 978-7-5455-8021-1

Ⅰ.①人… Ⅱ.①徐… Ⅲ.①诗人－人物研究－中国
－唐代②唐诗－诗歌研究 Ⅳ.①K825.6②I207.227.42

中国国家版本馆CIP数据核字（2023）第214486号

RENSHENG DEYI XU JIN HUAN：TANGCHAO SHIREN DE LE YOU RENSHENG

人生得意须尽欢：唐朝诗人的乐游人生

出 品 人	陈小雨　　杨　政	
作　 者	徐若央	
责任编辑	柳　媛　　梁永雪	
责任校对	马志侠	
封面设计	V　霄	
责任印制	王学锋	

出版发行	天地出版社
	（成都市锦江区三色路238号　邮政编码：610023）
	（北京市方庄芳群园3区3号　邮政编码：100078）
网　　址	http://www.tiandiph.com
电子邮箱	tianditg@163.com
经　　销	新华文轩出版传媒股份有限公司

印　　刷	玖龙（天津）印刷有限公司
版　　次	2024年2月第1版
印　　次	2024年2月第1次印刷
开　　本	880mm×1230mm 1/32
印　　张	11
插　　页	8P
字　　数	260千字
定　　价	56.00元
书　　号	ISBN 978-7-5455-8021-1